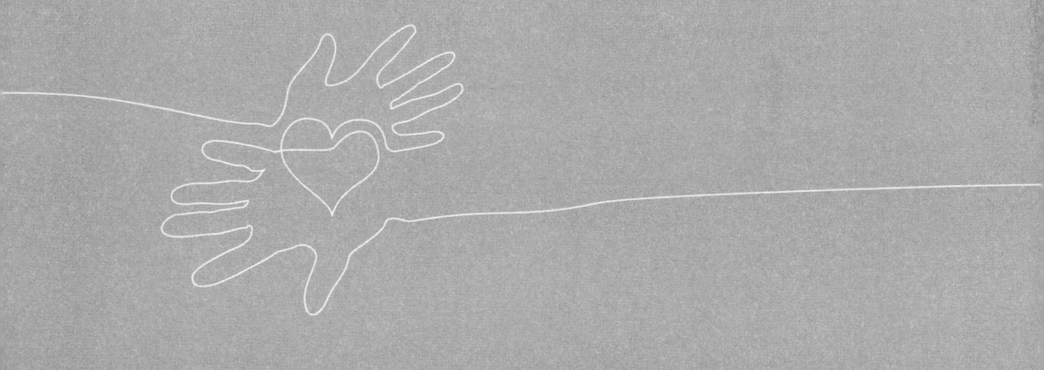

別當
除草機父母

用REBT理情行為治療的ABCDE走出焦慮，
教出未來世界最能生存的孩子

心理學大師、REBT理情行為治療創始者
亞伯・艾里斯親傳弟子
武自珍——著

我好感謝我的三個孩子。陪他們一起長大使我經驗到好多美好的時光。他們每個人的不同特質讓我驚喜。看到他們現在長大成為懂得選擇人生的重點，堅持熱情的面對挑戰，挫折中不放棄對人的善意，我好榮幸能成為他們的母親。當然，我的至愛耀文，謝謝你不間斷的鼓勵與催促。不然，這本書還會拖好久。

謝謝在不同協談機構遇到的案主，你們的故事使一個教書的人開始懂得人生；你們在逆境中彰顯的毅力使我感動敬佩；你們的疑惑是使我想寫這本書的重要原因。

附註：書中的案例是綜合編撰的，並無實際的個案記錄呈現。

〈推薦專文〉

瞭解自己和孩子心中的「小劇場」

臺灣世界展望會會長　王偉華

It's ok to be not ok!

這是武老師許多年前給我的忠告。當時情緒蠻容易起伏的，總是覺得不順意，不開心。明明很清楚的事，怎麼都會走樣？這麼清楚的邏輯，怎麼都搞不清楚？自己該做好的事，怎麼做的都不如意？

一般來說，一件事，會有許多的「小劇場」在心裡交替與糾纏。這是我的煩惱，也可能是許多人的煩惱。

終於，武老師的《別當除草機父母》要出版了，讀後真是有相見恨晚的感覺。這本書不只是幫助我們瞭解為什麼有許多的「小劇場」，更重要的是幫助我們如何建立自己最健康的「真實境界」。

在臺灣世界展望會服務，看到了同時也經歷了臺灣和世界上許多經濟弱勢的孩子與社群，幫助他們滿足最基本的需要，是一個關乎生命的議題。在這裡，我經歷了「臺灣最美的是人心」這句話的真實。

近三十年的大學教職生涯，讓我更感受到現代社會「價值弱勢」的發展。很多大孩子和我的分享中有很大一部分是不清楚自己的價值。再深入瞭解，有相當一部分是在成長的過程中，少了那份「瞭解」、「認同」與「鼓勵」。當一個大男孩談他成長過程中的「委屈」，在你研究室大哭時，那種震撼是很難忘懷的。直升機或是除草機其實都是帶著「刀片」的。當父母不自覺地無法掌握情緒，其實帶來的是孩子的價值受創。

愛之深，責之切，耳熟能詳的成語。孰不知，這句話中隱藏著許多情緒的陷阱，造成了許多價值弱勢的孩子和年輕人。

大大的推薦這本書，不僅是對年輕的父母，或即將成為父母的年輕朋友們，讀後對孩子的教養會有很大的幫助；即便是像我這樣年紀的朋友，讀完也會對人生的過程有了豁然開朗的體悟。終究，我們關心的是人生的幸福，無論是孩子的，還是我們自己的。

祝福各位有個幸福的人生，這本書讓幸福又更靠近了。

〈推薦專文〉

實務與理論兼具的親子關係指引

家扶基金會執行長　何素秋

當得知我大學時期的心靈導師武自珍教授，決定將畢生心血集結成冊分享給社會大眾時，內心感到無比雀躍。武老師數十年前引進「理情行為治療法」，成為許多助人作者在實務工作的利器，特別是充分運用在現代父母操煩不斷的親子關係議題上，這本《別當除草機父母》的出版，不僅能帶給許多父母在生活上最直接的引導，還能化解許多心中的疑惑，並強調親子互動的情緒處理及方法的運用。成長的過程與關係養成都沒有捷徑，但閱讀一本好的導引，確實能加速啟發內心的羈絆，甚至可作為許多從事親子教育工作者的經典備忘錄。

這本書可說是作者專業與經驗的結晶，全書透過三十七篇短章串連，每一章的標題都點出重點，指引讀者清楚地知道各篇幅可以學習或體會的內涵，讓讀者能快速理解並翻閱自己最感興趣的單元。作者沒有陳述深奧的學理思維，而是藉由生活事件中生動的親子對話進行探討，親子關係中有許多自我劃定的界線，不論是大人還是孩子，都具備智慧去發現問題並解決，透過方法或轉念，呈現的行為就會不一樣。尤其作者最擅長「理情行為治療法」，在書中運用最淺顯的話語帶動具體的步驟，將學理的論述化作日常生活中的故事敘述，從簡單平白的描述字句，滲透出親子關係的哲理思維，在輕鬆的閱讀中，就像回到每個人周遭一幕幕的生活場景，自然地反思。

個人身為有七十年歷史的兒少福利及保護組織的執行長，時有聽聞

有些父母對待子女的教養方式屬於強迫方式，不少研究證實，這對兒少身心成長會有負向的長遠影響。不論是「除草機父母」或「榨汁機父母」或……，過之或不及對孩子都有很深的影響，親子關係是父母很需要學習的課題，孩子有表意權，需要愛與尊重，親子間的良好互動，要有好的方法及環境。非常高興看到這本書即將與許多父母親見面，是非常值得推薦給家長共同學習及從事親子教育助人工作者必須閱讀的好書。

目錄

第2部

REBT親子關係解方

——練習用ABCDE轉換你的心情吧！

第3部

不看眼下看未來
——培養孩子成為未來世界的卓越者

〈前言〉

現代爸媽，請不要太焦慮

這幾年常受邀演講「親子關係」相關的主題。演講後總會有許多家長著急地提出許多孩子的問題。有一次，有位聽眾問我：「我的孩子上課都不專心，怎麼辦？」我先問問孩子的狀況，的確有些嚴重。正想給這位聽眾一些建議的時候，問了她一句：「孩子現在幾歲？」這位憂心的媽媽回答我，「已經一歲半了！」聽到她的答案，我愣住了。

現代父母真的是好用心但是又高焦慮：非常用心地想給孩子所有的好處，希望可以讓孩子穩穩地長大成為卓越人物。但是這麼多補習班廣告、網路上讓人眼花撩亂的各種訊息，究竟要如何抉擇呢？

但是可能要想想，現在對孩子教育的安排，對他們面對未來世界的能力都是有幫助的嗎？我們根據過去自己的經驗，能夠勾勒出未來世界的面貌嗎？未來世界是什麼狀況？需要什麼樣的條件才能適應生存呢？規劃孩子的學習之前，是不是需要先瞭解一下未來世界的工作環境及人際關係的狀況？

另一方面，現代的父母也非常用心地經營親子關係，希望跟孩子用溝通的，培養像朋友一樣的關係。但是在每次的親子工作坊討論時，都有家長提出因為控制不了自己的情緒而十分自責的困惑。現代的父母真是難為了！對自己期待高，失望相對就大了。

其實情緒是有辦法學習認識的。藉著瞭解轉換想法，可以降低情緒對親子關係的影響。

多年前，我在擔任生命線主任的時候，察覺我們華人面對人生的難題時，往往習慣性的鑽牛角尖，繞在想法中，走不出來，卡在情緒困境中。我開始用REBT（理性情緒行為治療法）來做諮商協談。發現短期內就有不錯的效果。我的案主大部分都有突然想通了而情緒豁然開朗的臨床效果。當時我就決定到美國的REBT訓練總部，也就是目前設在紐約市中心的亞伯．艾里斯學院去學習。最終，我取得理情行為治療師暨國際督導師的證書，目前也是亞伯．艾里斯學院的協同講師。

在接下來的數十年的協談諮商生涯中，我發現REBT心理治療法是一個能改變心境的有效方法。

理情行為治療法的基本假設是每個人都有好的動機及希望，但是往往事與願違而引起負面的情緒。影響情緒的因素之一就是過高的期待及不符合事實的解釋。因為情緒使我們不愉快，會花很多力氣嘗試改變事實，而忽略期待與解釋對我們反應的影響。如果有機會去檢視造成情緒背後自己的期待與解釋，往往有「啊！我怎麼沒想到？」後的釋然。重燃起願意再次瞭解真相的動力，就有機會學習有功能地處理令自己挫折的事件了。

作為一個以情緒管理為協談重點的諮商心理師，我很想協助現代這麼用心的父母們，有效地面對他們上一輩不曾遇過的艱鉅挑戰。加上每次演講或工作坊結束了後，總有學員希望我能給他們一些書籍繼續演練、學習，於是這本書就開始寫了，終於完成了。希望讀者可以使用這本書，由情緒事件中找到自己忽略很久的想法認定，對孩子的行為有更新的想法外，也因為這段尋找經驗使自己由情緒反應習慣中脫離。有新的人生哲學，在你四周的人會感受到更多你的溫暖喔！

第 1 部

別讓情緒破壞你的用心

1 新一代父母新現象

「我告訴你，這個班一定要去上，好有幫助！」；「我今天送小孩去學校，我就告訴老師，我的孩子不用上英文課，太簡單了嘛！他四歲就說英文了。可是老師說學校有規定，可能沒辦法，老師真的一點彈性沒有，會的，還要上！太浪費時間了吧！我正考慮要不要轉學？」；「你上次說有一個音樂潛能培育班，你說我孩子要不要去上？可是他已經上了三種才藝班了！可是你說這個班這麼重要，我沒讓他去上，會不會耽誤了他呢？」

在咖啡店裡，無意中聽到隔壁桌父母們的談話，桌上的早餐跟咖啡好像不能引起食慾，父母們更在意的是孩子的教育機會。看到他們如此認真的表情，深深感覺到現代有一群擁有高等學歷、想給孩子最好教育的父母。

要求超標的現代父母

「慈母手中線」已經落伍，方向盤、滑鼠正式上場了。現代的父母在電腦上建立孩子的網頁及紀錄，教養孩子如同經營事業一樣專心積極。他們隨時上網搜尋育兒新知，什麼課程可以加強孩子的學習力？還需要學習什麼才不至於耽誤了孩子的潛能？隨時待命準備送孩子去各類才藝與學科補習班的父母，不但對孩子期待高，對自己的要求也超標。

這種現象其實是有原因的。第一個因素是孩子生的少。一九五一年一對父母平均生7.04個小孩，到二〇一九年的平均人數為1.218個，數字還在持續下降中，幾乎所有注意力都集中在少數的孩子上。

第二是經濟能力、教育水平的提高。現代的父母經濟條件比上一代高出許多，既然有能力提供孩子更多學習的機會，當然盡心盡力地培養孩子的競爭條件。怎麼樣才不會讓孩子輸在起跑點呢？會不會因為自己的不用心，使孩子失去可能勝出的機會呢？涉入孩子成長很深的父母，不自覺地陷入另一種型態的競爭，進入了「直升機父母」及「除草機父母」的時代。

有人把這些孩子數目少，教育程度高，非常關心小孩前途，投資許多時間、精力與想法在教養孩子上的父母稱為「直升機父母」。他們無時無刻在孩子上空盤旋，當孩子還在地上找答案的時候，父母及時看到，就緊急降落去為孩子解決問題；幫著安排各種加強班課程。父母的目光一直跟著孩子，心思都在他們身上，為他們做各種安排，監督他們的進度。「為什麼做不好？」父母心疼心急、好想幫孩子做！

訊息的便利，父母隨時都可以由手機上找到各種答案，專家的警語令人緊張：「太遲了嗎？」、「我耽誤孩子的發展了嗎？」來自各方的訊息使父母的心情隨之起伏！

「除草機父母」是美國「我是老師群組」最近熱烈分享的一個新的現代父母稱謂。這些老師觀察到的現象，例如：父母開車到學校專程送礦泉水，只因為不放心自己孩子喝的學校用水；他們想辦法除掉孩子可能遭遇到的困難及挫折。父母這麼用心地幫著孩子，希望他們不要遇到自己小時候所遇過的挫折，因為他們受不了孩子受挫時的表情，希望孩子一直是開心的。

這些父母好想為孩子鋪上未來一條寬廣、挫折少又平坦的未來之路。「除草機父母」盡所能地除去孩子可能遇到的任何障礙、一切挫折，他們專心地拔除孩子走的路上出現的小草及碎石。認真用心是這一代父母的寫照。

2

認真父母的情緒挑戰

嚴格的教育及要求競爭下出線的父母，經歷權威的痛苦後，決心用不同於過去傳統的方式教養孩子，認真地經營親子關係。因此，他們不但關心孩子的各項表現，也期許自己是能傾聽孩子心聲的父母，跟孩子是無話不談的好朋友。

對自己期許頗高的好父母一旦遇到實在受不了的真實狀況，情緒失控了，實在非常挫折：「我又對孩子大吼大叫了！我太失敗了！我沒有愛了嗎？」

情緒失控不是因為你沒有愛

其實大部分情緒失控的原因是太愛自己的孩子了！因為疼愛，所以受不了他們遭遇不好的對待；因為愛他們，所以特別用心。希望他們各方面都優秀；因為對孩子期望高，當他們的表現令自己失望的時候，自然會有情緒。因為想愛太多人，所以會對自己失望，對別人生氣了。不要懷疑，你的用心是好的，只是有情緒而已。

單身的時候，只要把自己照顧好就可以了，何況一向都把自己的事情處理得不錯的人，生活的方方面面多半都可以控制得不錯。但是一結了婚，生了孩子之後，世界大不同。你愛的人不聽你的，你希望他們做的，他們不照你的方式做，你認為他們應該知道的事情，他們不知道，讓你傻眼的事情天天發生，什麼事情都要你處理，想逃避都不能。

年輕又用心的父母好希望自己能像奶粉廣告一樣，一面照顧自己心愛的孩子，同時表情愉悅又溫柔。但是實際生活中，家裡一團亂，一不注意就情緒失控了！

這一代的年輕父母壓力實在不小，因為經濟因素常常需要兩個人工作，自我期許能做好父母，但缺乏祖母時期社區共同照顧的支援系統。自己一個人背起神聖全職「父母」的使命，使現代年輕父母心力交瘁。如果一時因為太累或者太挫折而情緒失控的話，又會為自己的失控行為而引發「失職」的罪惡感，不時懷疑是不是自己已經沒有愛心了！

事實上，我們就是太愛我們那獨特的孩子，所以對自己失望，對別人生氣。愛的太累了！時間不夠，睡的不夠，幫手不夠；要求太高，力氣不足了。多想大叫！於是，有一天就真的大叫了！

舉個例子來說，早上上班已經晚了，到了孩子的幼兒園，又找不到停車位，於是情緒開始發酵。一開始是著急，「快遲到了，怎麼辦？」

接著懊惱不已，「為什麼不早點出門！」終於找到停車位，鬆了口氣，回頭叫孩子趕快下車，卻發現他睡著了，怎麼叫都叫不醒，幾經拖扯，好不容易把他抱下車，孩子卻開始哭叫著不要上學。著急加上挫折，情緒就上來了，你用力打了孩子屁股，生氣大吼又罵孩子。終於把孩子交給老師，急忙開向公司。

坐下來，安靜下來，不禁自問：「**我怎麼了？我怎麼可以這樣失控？我真的是失敗的媽媽！**」

想想整個過程，沒有一項行為是自己希望發生的。這麼累、急都出於好的動機，希望孩子好，自己善盡職責。但是為什麼會出現令自己失望的行為呢？為什麼會做出令自己失望、遺憾的事呢？愛得太多的父母，請停一停！你需要想想，要怎麼面對一個真實的狀況：**真的非常愛孩子，但是同時也好生氣喔！怎麼辦？**

先處理情緒，再考慮如何反應，選擇最好的教養方式來面對孩子的行為，比較能避免因為情緒而破壞了珍貴的親子關係。我們一起來認識為什麼會出現自認不理想的情緒，其中的想法因素吧！

3 情緒與期待的關係

現代父母對孩子的期望高，也特別用心，但是為什麼同時這麼容易情緒激動呢？

其實，正是因為對孩子有「好的」、「應該的」的期望，所以，容易因為孩子的反應或行為，導致失望而引起一連串的情緒反應。

➜合理的希望加上絕對的要求

父母生氣的理由大部分基於合理的希望，例如，「我不喜歡你的行

為，我希望你不再做出這樣的行為」。如果只是這樣想，並不會有太大的情緒激動。

但是造成情緒失控的困境，是因為接下來我們把「希望」變成「我的希望一定要發生」的絕對性要求。例如：「我必須避免使我焦慮或不愉快的情境，因此，我無法忍受造成我這種不愉快的人」；「因為我已經告訴過他道理了，如果他一犯再犯是不可原諒的」；「我無法忍受這種無法確定控制的狀態，所以，在一個暫時無法解決的情況下，我一定要找到解決的方法」；「我的生活一定要輕鬆，因此，孩子就不應該這麼難教」；「孩子聽到我跟他說的道理以後，就應該馬上自動改變不理想的行為，如果沒有看到他馬上改正，我不能接受」；「我這麼用心，孩子表現不好的時候，我難以忍受」等等。

期待需要符合真實狀況

每個家庭對自己的孩子應該以何種方式來與自己互動，有不自覺隱藏的期待信念，這些信念左右了我們的想法，影響了自己的情緒及反應。

父母往往沒察覺到的，是**期待是否符合真實狀況？沒有把孩子也許不瞭解父母的期望，或者一時無法改變等現實因素放入考量中。**例如超齡的期待，像是要求小小孩能控制衝動、自動做出分享友愛的行為；又如要求孩子樂意去練習不是自己選擇的才藝活動等等。如果能察覺自己的期待及假定缺乏事實或人性的考量而學習加以調整的話，情緒就有可能轉變為是一點失望而不致氣憤不已了。

我們可以學習檢視想法，保持合理的部分，並且調整不合實際、不符邏輯的想法。當我們的想法開始有彈性、具客觀性時，就比較能夠不陷入怒氣中，而能有更健康的情緒。

4 親子互動中隱藏的合情理與不合情理的信念

父母往往以自己固定獨特的信念來要求孩子的行為，並且習慣把孩子使我們失望的原因轉換成個人的意義。如此的循環結果造成了父母的情緒起伏。親子互動中有些想法是合情理的，有些是不合情理的。

一、家庭中不合情理信念的特點是：

❶沒將事實考慮在內的處罰原則。

家中成員犯錯的時候，就應該受到嚴厲的責罰或處罰，不考慮他的真實情形如何。另一個與這個信念相關的想法是子女犯錯一定要處罰，才能避免下一次犯同樣的錯。而不看事實上是否有效？

❷誇大挫折感嚴重性的解釋傾向。

當子女表現與父母期待的不同的時候，父母產生挫折感是可以理解的。但是不合情理信念的父母會誇大受挫的情緒，並且將自己的挫折感及無助歸咎於子女，而產生負面情緒。

❸認為情緒是無法控制的固執想法。

堅持自己的脾氣是無法控制的，因此也放棄了學習控制情緒的方法。

❹將一個行為或一個特殊的狀況的發生認定為全部如此。

例如前天還覺得是不錯的孩子，因為今天一項行為表現就馬上認定他為從來都是不聽話的孩子。

❺對子女的期待不能改變。

例如，「我的孩子對父母一定要聽從，我不能接受孩子反對我的意見，不管什麼狀況！」

❻期待內容缺乏彈性而且不能創新。

即使事實已經證明某種處理家庭問題的策略是失敗的，但是仍舊堅持家庭成員應該以一貫的方式來互動，不願意嘗試新的家庭問題解決方式。

二、健康的信念是不固執，有彈性，視狀況而調整的

❶父母對子女的期望是以「希望、最好是」的思考形式，而不是「一定、必須」。

例如，對子女的期望是「希望他最好能自動自發地選擇用功讀書」，但是也能理解孩子如果不選擇用功讀書而先選擇有趣的遊戲是人之常情。

❷願意嘗試新的問題解決方式。

父母積極尋找資源，考慮新的策略；也願意參考自己子女對問題解決的建議。

父母願意檢視自己的想法，保持合理的部分，例如：我的希望動機是好的，但是能夠針對不合實際、不符邏輯的想法重新檢視與做適當的調整。

不作繭自縛

一件事情發生後，會隨著我們對這件事情的想法，例如：假設發生的原因、這件事情的意義是什麼、我們或他人應該負的責任等等，產生一連串的情緒。這些不同的情緒一層一層疊加上去，就會使心情擺盪，最後想法情緒糾結成一團而理不清，導致心情低落挫敗，高興不起來。

這些想不透的心結，如蠶絲般堆積上的想法逐漸使我們失去愛人的條件：不願去瞭解孩子的困難；拒絕聽我們眼中的歪理（他們的理由）；很難去饒恕他們的不完美；沒有力氣給孩子面對錯誤再次學習的機會。我們對孩子的期待、解釋，反而使我們產生想放棄的念頭。

當我們對生活中的人、事或自己失望的時候，容易失去信心快樂。多次失望經驗的結果使我們不願再努力，也無心改變。就像心理學所謂的「**學習來的無助感**」。困境使我們生命停滯，解不開的情緒結使我們對生活失去對這種狀態的耐心，慢慢地，我們把自己的生活解釋為「多麼不如意的生活」。在這種情形下，要能高高興興地度過每一天而不情緒崩潰也不容易啊！

那要如何走出自設的陷阱呢？

心理的健康決定於我們的心情，而**心情態度又決定於我們原來思考及反應的習慣**。人對事情的預期、事情發生的解釋，有許多的信念左右了我們的情緒及對事情的處理反應。我們如果能對情緒的形成有些瞭解，以及對影響我們情緒的想法有些認識，也許更有機會使自己的想法得到澄清轉變，因而脫離情緒的纏擾，生活中比較可能有幸福的感受。

5

對行為的習慣性解釋造成情緒高漲

不合情理的期待信念使父母有情緒，還有一個原因也能讓我們深陷情緒中無法脫離。

「自動對事實解釋的習慣」是引起情緒的另一個重要因素。孩子的行為反應不符合爸爸媽媽原先的期待會因為失望而產生負面情緒，但是父母的想法會繼續對這種不滿意的結果自動加上註解。事實意義化的結果，情緒便愈來愈高漲了！

親子對峙，與父母腦中的訊息翻譯機有關

做父母的在家裡常常遇到的情緒挑戰是孩子做功課的時候，例如小孩玩手機玩得非常專心，時間久了，爸爸媽媽就有點耐不住了，先小心翼翼地提醒他，「可以去做功課了喔！」孩子沒什麼反應繼續看手機。又過了十幾分鐘，再提醒他一次，這次有點不耐煩聲調提高了一些，「我說可以做功課了！每次都要人家提醒。」這時孩子有反應了，「知道了啦！」於是爸媽終於按捺不住，把孩子手機拿過來，對他吼著：「你給我趕快去做功課！」當孩子很不情願地到房間，順手把門一關，聲音大了一點，爸爸媽媽的情緒終於爆了，「這些功課也不要做了，過來，你給我出來，你給我說清楚什麼態度！」

孩子遇到這種情形多半可能有幾種反應。第一種反應是開始流淚，「哭什麼？你委屈了嗎？媽媽說錯了嗎？還敢哭！」哭代表什麼，「你很委屈，你委屈就是代表我罵你是錯的，那我有沒有錯呢？我沒有錯，那

你哭個什麼勁兒？」對不對？這是父母的第一個直接反應，腦中解釋的因果關係就這樣出來了！

如果他生氣了，「還敢氣？還有道理嗎？我說的是錯的嗎？」生氣的臉代表是反抗，代表不順從，代表不聽道理，「你這個孩子小的時候都這樣，那長大了還得了？」另外一個沒有表情的孩子最讓你生氣，「這是什麼表情啊？什麼態度？」一點表情都沒有，代表著一點羞恥心都沒有！

那麼如果孩子笑了呢？那孩子就完了！「笑？還敢笑？嘻皮笑臉！」把爸媽擺在哪裡？「我們這麼生氣，你都不當回事！」父母的尊嚴被孩子踩到地上！這時如果能理智地處理，真的是高難度的挑戰了！

有了情緒，腦中翻譯機開始運轉的時候，孩子就沒有任何反應可以使我們消氣。不能哭！也不能生氣！也不能沒有表情！也不能笑！你覺得孩子還有什麼其他選擇？基本上小孩子做什麼都不會讓我們不生氣的，對不對？因為你腦中的翻譯機已經把他的行為翻譯成為不可原諒的圖像了。

什麼態度！孩子不管出先什麼樣的反應，只要輸入使用很久又非常習慣的老舊訊息翻譯機後，全部都有解釋，對嗎？落入我們的解釋機後，這個孩子馬上由昨天很可愛的寶貝變成今天不尊重長輩、沒有羞恥感，令人失望頭痛的孩子。這樣的孩子，爸爸媽媽還能夠忍受嗎？當然不能忍受，絕對要好好教導，否則長大還得了！這是一般人會有的反應。

反應中間牽涉到很多父母自己的解釋，我們的情緒常常不自覺地受到自己的翻譯機影響，孩子的反應行為經過翻譯機攪和幾次後就變了樣了。**把孩子想成這麼叛逆，做父母的要沒有情緒真的好難！**

翻譯機也需要更新

現代父母希望突破過去傳統的親子關係模式，最大的興趣就是跟孩子很能夠溝通，跟他們做朋友。但是很多時候並沒有發現自己對行為的

解釋使用的還是過時得跟自己父母一樣的舊翻譯機。「不要解釋了！你就是這樣！」想想，自己孩提的時候最受不了的就是爸媽誤會我們，又叫我們「不用解釋了」。新一代的父母多用心多投入，但是對孩子還是用老舊的翻譯機！

「你就是這樣！這樣不聽話！這樣不瞭解父母的辛苦！為什麼！為什麼？你給我說說看！」；「不要說了！就是這樣！就是這樣！」；「太令我失望了！我太失敗了！」好熟悉的對話，從小聽到大！做父母的，在自己小時候多麼不喜歡聽到這樣的話，現在卻換成自己繼續這樣的循環。不看、不聽、自己解釋、不瞭解真相，下一個負面的標籤緊緊貼在所愛的孩子身上！

只要沒有察覺自己腦中的解釋機內容，父母就陷入「新知識舊解釋」的自動反應循環中，無法脫離懊惱、生氣與擔心失望的情緒漩渦了。

新一代的父母，除了用心培養孩子，提供最佳的學習環境外，可以停下來為自己爭取一個更新解釋機的機會，換一個角度想想，孩子在你眼中會大大不同的。

6

改變想法內容，可以轉換情緒程度

這天王小姐心情很好，因為要去幫朋友慶生，穿上新買的洋裝，順道買了個生日蛋糕。王小姐正高高興興的走在往朋友家的路上，突然聽到後面大叫一聲，還沒反應過來，一個人就把王小姐撞倒在地上，蛋糕也砸了，衣服也髒了！王小姐簡直要氣炸了！她大聲說：「你白癡啊！」

王小姐氣急敗壞的大聲說：「白癡啊！這樣走路的！」接著就聽到撞到她的人大喊：「誰幫幫我！前面那個人搶了我的皮包！」想一想，

這時王小姐會如何反應呢？這時候她還會非常生氣地罵對方嗎？

大多數的人應該不會再生氣了，可能還有些歉疚或者不好意思呢！王小姐的蛋糕的確被壓壞了，可是她的心情及反應為什麼馬上就能有所改變呢？原因很簡單，因為她改變了對方行為的解釋。

原先王小姐很生氣，是因為把對方行為的動機解釋為故意傷人，至少是一個沒有禮貌且白目的行為，可是後來發現，原來對方不是有意的傷害，也不是原先假定的「是一個粗魯的行為」，弄壞了蛋糕也是情有可原。**想法變了，心情也就不一樣了。**

↓ 改變解釋，情緒就會轉變

每天身邊發生的事情容易使我們產生各種情緒。因為我們對於事實的看法，會自然地由記憶檔案中抽出配對，做出解釋，就像前述的例子，王小姐不加考慮地就認定這個人是魯莽沒禮貌的傢伙。因為太過習以為常，我們很難會想去查證自己認定的是不是事實。

根據解釋，我們開始評論起這件事情的對錯。王小姐認為這位先生做了件不應該做的事情，所以對做錯事的這位先生產生反感、有所批評。這就是認定了，一有認定就有了立場。「這個是壞人！」情緒被挑動起來。如果這個人還不改的話，我們就會繼續注意這個人。更多的解釋假定，使得這個人的行為越來越不可原諒！

所以，我們為什麼會在意別人在某天做的一件事，想起來就有情緒，而且還可以維持好久？事情雖然過去了好長一段時間，但是一想起來就心傷一次。舉個例子，失戀了半年，但是想起來依舊是滿滿的「**他不愛我了，我的人生還有什麼意義？**」哀傷的情緒就像分手那天一樣的新鮮。

為什麼會認為這個人的行為是錯的？心中判斷的尺由哪裡產生？這

就需要說明一下大腦的功能了。每日只要能覺察到的各種感覺刺激，我們的腦就自動想辦法存在記憶中。小時候聽到的故事、父母的教訓、學校學到的知識、電視不經意看到的廣告都籠籠統統地記錄在腦中，等到有線索了，跟這些記憶有關的事情發生了，「啊！賓果！」這些道理是非就拿來對比判定對錯了。

腦中的「應該」、「不應該」受到原生家庭的影響甚深。父母從小用語言或行動規範家中孩子的行為。這些有意或無意的舉動種下了孩子「心中對錯」的樹苗，長大後這些是非道理就深深影響我們的判斷及行為反應了。

情緒使我們對發生的事情有了絕對性的結論，有個人的意義，產生了幸福或失望的感覺。

所以，要轉換情緒，不單靠解決目前的問題或是改變現狀而已，轉換對環境的解釋是更有效的方法，尤其很多時候要解決的問題不是短時

間能夠達成的，但是一直擁有強烈的情緒是很辛苦的。

如果能夠認識自己情緒背後的想法，改變不具功能的思維內容，根據真實的而不是想像中的情況來面對每天發生的事，可以減少許多不必要的挫折，也能加深對事實的接納程度，人生不如意的感覺也會改善許多。

7

健康家庭不是沒有情緒壓力，而是能智慧地處理

美國家庭服務協會（Family Service of America）對家庭的定義是：「家庭提供它的成員間情緒、身體及經濟的互相扶持。理想上，這種家庭的特質是它的成員間有著親密、深度、連續及許諾的關係」。

家庭不僅是人與人的組合，同時是提供情緒支持與安全感的場所。健康的家庭有至少六個特質：默契與許諾、讚美、相聚、良好的溝通模式、精神上的福祉，以及應付危機與壓力的能力。

健康的家庭並不是沒有壓力或問題，但是他們能面對困難、在危機中學習處理，並與家人一齊成長。因此健康的家庭被稱為「**壓力管理有效家庭**」。

不盡如人意的生活

人際互動過程中，彼此的差異是難免的。如能適當處理，往往能促成家庭成員或家庭系統的良性轉變，而帶來正面的後果，甚至還可能增加家庭成員的凝聚力及關係的成長。但是如果不去面對或處理不當，則可能帶給家庭人際關係冷漠、失望，甚至引起家中成員的彼此傷害。

通常我們會因為反覆陷入情緒當中而挫折，好像沒有辦法由情緒控制中走出來。因為遇到的事情就是非常不如人意，別人的行為也都令人很不開心。那怎麼能夠由這些自然產生的情緒反應中走出來呢？的確是一個問題。

情緒令人挫折的原因，是把自己情緒之所以產生完全歸因於事實，或是某人的行為反應所造成的。除非環境改變或這個人的行為改正過來，否則無法脫離因為失望挫折所帶來的情緒反應。

「理性情緒行為治療法」（在第八章中會更詳細地解說）指出，情緒發生的因素除了事實之外，還有一個重要的影響因素，就是我們因為事實所引發出來的一堆「想法」。

舉一個例子，一位母親接到老師通知說自己的孩子在學校打了同學。聽到這件事情，這位母親同時開始了情緒與想法的反應。一旦有了思考的活動，想法就不停地發展延伸，情緒也隨之起起伏伏地產生了。

剛開始可能是很生氣，因為想到「孩子怎麼可以這樣！」想不出解決方法的時候，挫折感使得心情低落。時間久了，問題一直沒能解決。爸爸媽媽就開始想原因了，「為什麼解決不了？我孩子是不是有暴力傾向？」一想到這個可能性，就慌了。接著開始假設事實真相，「如果真的是有暴力習慣，以後還得了？」在這個想法出現後，有點擔心馬上轉變成焦慮了！這件事情因果關係最後與自己的價值連起來了，「我這個媽媽是怎麼當的？我真的太失敗了！」自責之後，心情開始沮喪。

所以，一件事情發生後會隨著我們對這件事情的想法，例如：假設發生的原因、這件事情的意義是什麼、我們或他人應該負的責任等等，產生一連串的情緒。這些不同的情緒層層疊加，就使我們的心情擺盪。

最後想法、情緒糾結成一團，慢慢地使我們失去耐心。這些想不清楚的想法逐漸使我們失去愛人的條件，如傾聽、瞭解真相、接納人的限制、饒恕不小心的錯誤、等待改變的耐心等等。慢慢地，我們開始把這種解決不了情緒低落起伏的生活解釋為是「多麼不如意的生活」。

既然不能避免不如意的生活，使我們產生不舒服情緒的人和事物一時也無法消失，還是要等紅綠燈，吃飯仍要排隊。我們可以轉轉念頭，即使日子不如意，但是可以過得愉悅一點。大家可以試試看以下幾個步驟：

①承認自己只是個平凡人。

②接受自己是一個自然會有負面情緒的人。

③肯定自己的動機是好的。

④學習處理情緒來經營珍貴的關係。

第一步　承認自己只是個平凡人

我們真的只是平凡人，體力也就只有這麼多。累慘了的時候，多麼想休息一下，這時候最好周圍的人都能跟我配合。我們非常希望能夠有修養地處理好每件大小事，也都能處理得很好、很完善，讓每個人都滿意，最主要的是自己也滿意。如果能夠這樣，就太好了！

但事實上，人生好像沒有這麼順利。往往在要應付老闆催促趕快完成工作的時候，就接到學校的電話告訴你孩子出了狀況要馬上處理。當下，許多負面情緒自然湧出就很難避免。

現代父母努力要做標準完美的父母，表現不夠完美的時候就容易陷入自我責備的懷疑當中。請承認自己只是平凡人，不能夠解決所有的事情。當我們愛一個人，對他有期待而出現失望、難過、生氣等負面情緒的時候，記得看著鏡子，告訴自己：我不是一個沒有愛心的人，我只是一個平凡還需要學習的父母。

第二步　接受自己是一個自然有負面情緒的人

一般來說，人蠻討厭負面情緒的，因為使我們不愉快。只是負面情緒，真的沒有任何功能嗎？換一個角度來看，負面情緒所帶來的壓力，讓我們不得不去重視一些自己常常拖延不去面對的事實。生氣的時候，是一個整理自己想法的時機。想想，我不能接受別人什麼樣的行為？不能接受的原因是什麼呢？為什麼要如此堅持？我一定要這樣要求嗎？對我的幸福有幫助嗎？還是使自己一直處在挫折中？這是一個機會去發現，我最在乎的是什麼？我擔心失去的是什麼？有什麼自己一定堅持要的？不管它多麼難達到，又使自己痛苦的。

平常不喜歡負面情緒，因為會讓我們覺得自己不夠好。其實負面情緒並不一定證明我們不夠好，只是發現我是有需要、我在乎、我有愛的一般人。可以試著接受有負面情緒的自己，我們是OK的。

第三步 肯定自己的動機是好的

想想生氣的時候是因為想要處罰對方嗎？還是只是因為焦急呢？其實會有情緒，多半是因為你有蠻好的動機。

我們希望孩子聽話、能夠自動去寫功課、能夠吃得頭壯壯、能夠兄弟姐妹彼此相愛。因為有這些好的動機及期待，當孩子的表現不如我們期待的時候，做父母容易因為失望而自然產生負面情緒。

所以，不要因為自己有情緒就假定自己是失敗的父母。要肯定自己的動機是正面的，期待也是好意，我們只是一群心急、疼小孩、對孩子有期待的父母。

第四步　學習處理情緒，經營珍貴的親子關係

所以，動機是好的，現代用心的父母所需要的，是學習有效處理自己的情緒，享受情緒帶來的感動活力，但是又能由負面情緒激動漩渦中走出來！

第2部

REBT親子關係解方

——練習用ABCDE轉換你的心情吧！

8 ABCDE掌握你的情緒

「理性情緒行為治療法」（Rational Emotive Behavior Therapy，簡稱REBT）是由亞伯・艾里斯（Albert Ellis）博士所創立的認知心理治療法。我的老師艾里斯認為，人有潛力能發展出一套對自己有利且健康的想法，同時也會擁有許多不具功能的念頭。這些念頭不論是有功能的還是沒有功能的，都深深地影響到我們的情緒，也決定了我們生活的品質內容。

我們腦中堆積了許多過去經驗的記憶檔案。這些檔案都自然地被我們組織成為一堆思考事情、進行判斷的參考架構，如早上起來要做哪些事？公車怎麼搭？衣服如何搭配？最影響情緒的，就是我們對事實的判斷！

舉個例子來說，聽到風聲說公司最近營運不佳，可能要裁員。「**我需不需要緊張呢？**」腦中開始自動搜尋已經存在腦中的相關檔案。「**我待在公司已經很久了，一直也表現不錯，應該沒事！**」對事實的解釋是這樣的話，也就鬆了口氣，不緊張了。但是，又想想，「**聽說裁員的原因是公司財務有問題，那不就要先裁資深的我嗎？**」這樣想，馬上就緊張起來了！事實是一樣的，公司可能要裁員，但情緒卻可能在幾分鐘內由不擔心到非常緊張，原因是自己對事實有了新的判斷及解釋。

有的時候，我們也會發現，面對一件同樣的事情，兩個人會有完全不一樣的反應跟情緒。為什麼會這樣呢？其實道理很簡單，最大的原因就是兩個人的解讀架構不一樣，所以一個同樣的事實就可能引起兩種截然不同的情緒了。

再舉個例子，一個做媳婦的，因為生了第一個孩子，聽到婆婆要來家裡幫自己做月子的時候，腦中自然地就湧出一些檔案，例如電視連續劇中婆媳衝突的畫面，所以婆婆來家裡就是一件蠻麻煩的事情，情緒就變得焦慮了。如果換成另一個媳婦，她的腦中結構裡，記得的是同事因為婆婆幫她帶小孩，她有多麼輕鬆！想想婆婆來應該是不錯的事情，心情比較放鬆了。所以，影響情緒非常重要的關鍵就是**我們習慣用哪一種架構來詮釋事實了**。

↓理情行為治療法的ABCDE

根據理性情緒行為治療法對情緒獨到的見解，現在有一個ABCDE寬心情緒解套法要介紹給大家。先來介紹ABCDE五部曲：

A（Activating Event，引發事件的英文縮寫）

就是你每天碰到的事情。有些是你喜歡或開心的事情，有些是你不喜歡、甚至是很討厭的事情。我們稱作A，也就是情緒引發事件。譬如，王小姐東西被摔壞了，是一件很不愉快的事情。

B（Belief，信念的英文縮寫）

就是你對A引發事件相關的想法。碰到一個引起情緒的事情，人自然在腦中浮起一連串的想法。「他怎麼可以忘了我交代的事情」；「我說了好幾遍，還給我弄錯！」；「叫他去做功課就給我拖拖拉拉，故意不聽我的話！」一般我們意識到的，大概是這些直接的反應。

但是我們會自然地繼續想下去。這時候對行為的解釋，假定他的動機、對你的意義等等就開始出現。譬如說，以「孩子拖拖拉拉的行為就是故意不聽父母的話」假定孩子行為的動機；王小姐認為對方的舉動是故意的，是有意傷害她的等等。

B想法中還隱藏了我們比較不容易察覺的要求期待。例如，「他怎麼可以忘了我交代的事！」其實我們的意思就是**他不能夠也不該忘記自己交代的事情。**「我說了好多遍，還給我弄錯！」所以**只要我們提醒過的事情，別人就不應該也有能力就此不會做錯。**日常生活中的反覆挫折往往是因為我們沒有察覺的道理及要求，而這些失望使我們陷入情緒困境中。

因為這些想法運用得十分熟練，不假思索地就自動反應，我們不會懷疑它的正確性及真實性，也不會用心去檢視這些想法的內容，但是這些思想的過程往往使我們身陷情緒中。

C（Consequence Emotion，情緒結果）

就是A加上B引起你的心情反應和結果。譬如說，王小姐原先的生氣，以及後來的歉疚之情，因為失望而心情沉重，別人不符合自己期待的氣憤等等。

D（Dispute，駁斥、質疑）

系統化地質疑自己的認定，就是我們可以學習去挑戰自己想法內容的真實性及功能性，其中包括有沒有想到的、沒有考慮到的、應該想到的、最好能想到的，可以使我們心情好多了的一些想法。例如，「撞我的人也許不是故意的」；「孩子只是想玩、不想現在做功課」；「別人要做得正確，除了自己的囉嗦以外，可能還需要別的協助！」

我們每天都會遇到一些大事或是雞毛蒜皮的事情、無聊的事。有些事是在我們的控制範圍內，但是很多時候，我們一點辦法都沒有。比如，老闆就是要如此龜毛，先生就是不懂我的願望，鄰居就是要把車停在我們前面……。真的沒有辦法！

面對每天生活中發生的大小事，要如何去面對？才不會因為一些小事、無聊的事、不能控制的事情而攪亂心情，甚至把我們的人生弄得痛苦不堪。遇到不如意的事情，已經夠麻煩了，不需要自己再加上更多不是事實的解釋讓自己更痛苦。

通常，我們會以為事情不順或環境讓我們不幸福、不快樂，其實影響情緒更大的因素往往是**我們的「想法」**，例如人人都應該、環境都必須等等對人或對環境的絕對性堅決所影響。當面對的人或者環境不如預期的時候，會傾向誇大這些不如意的悲慘程度。

情緒就受到這些期待、解釋、認知的影響而起伏。我們對事實的認知想法對我們每天的心情影響很大。學習**先處理心情再處理事情**，往往使我們比較有動機及平穩的情緒，選擇比較適合的方式來面對每日的挑戰。

E（Effective Philosophy，具功能新觀念）

就是合情合理更新過的想法。例如，「雖然我希望老闆能夠考慮我的辛苦多一點，但是我想老闆也有他的壓力，並不一定是故意要壓榨我」；「雖然我希望我孩子能夠更主動做他的功課，但是現在也瞭解他只是個正常的孩子，不喜歡有壓力的工作，就像我一樣！」；「雖然我不希望孩子說謊，他也不應該說謊，我需要花更多一點時間來教他，但是並不表示他就是無可救藥」；「我多希望先生可以站在我的立場一起教訓孩子，但是先生不這樣做，不一定是故意跟我唱反調，可能他只是疼孩子的爸爸。」

告訴自己

我不過是人

孩子不過是人

我們都是人

今天的一件事不是全部人生的答案

ABCDE走出情緒陷阱

陪著孩子走上未來健康快樂的路。

9 情緒ABCDE起步走！

現在使用REBT的技巧架構，一步一步地針對自己的情緒、想法，開始新的學習旅程吧！

一、先察覺你已經產生的情緒，並且以人性的觀點對待自己

允許自己擁有負面情緒，如生氣，不需要否認或合理化自己的情緒。你可以告訴自己：「我實在不喜歡自己失控的行為。如果可以，我

寧願自己不生氣，但是至少現在我還是個需要學習的人」，或者「我雖然不喜歡自己發脾氣，但並不表示我不愛我的孩子，或者我是一個失敗的父母」。

二、自我對話中找到解讀的習慣及對人的期待

有了情緒反應後，找個時間自己聽聽自己對事實的認定，包括對方的語言內容、情緒表情及行為反應等線索。

三、肯定自己的動機是善良的，用意是正面的

發現自己的善意與良好的動機，不因為挫折而抹煞自己的用心良苦。

四、在原來的想法中加進一些事實真相的資料及人性的考量

1. 對於暫時還沒辦法馬上改變的事實，一方面盡力改善客觀環境，一方面學習暫時在不理想的環境中減少自己帶來的情緒壓力。若實在不能改變，可以學習如何去面對一個不能改變又不如自己理想的環境。

「雖然我希望一切不理想的狀況可以馬上改善，但是改變需要時間」、「現在的狀況並非完全不如理想，只是不是百分之百的理想」。

「我的孩子並不是搗蛋鬼，只是普通的孩子，而他有時會表現出搗蛋的行為而已」。

「教養孩子的生活本來就是辛苦的，尤其越有心的我們越辛苦。我要求生活一定是輕鬆的，沒有幫助反而更難適應」。

「要教養孩子的確不容易，但不是完全不能忍受，只是辛苦」。

在大部分情況下，環境並非完全不能忍受，只是有壓力或不符自己完全的理想。孩子並非都是頑劣子弟，只是處理起來麻煩一些。

如果能提高我們的挫折忍受力，對於不理想狀況的感覺是失望、遺憾而不是焦慮、氣憤的話，我們就有機會在現存系統中爭取改善的機會。**改變想法是可以改變情緒的溫度的**。

2. 學習改變想法的認定與解釋。我們可以針對自然反應中的想法中對事、對人的解釋與認定做以下的問答質疑技術分析。

例一：「孩子不應該用這種態度對我，他不尊敬我。」

D. 質疑：「我確定我的孩子是因為不尊敬我這個唯一的原因才有如此的態度？」

E. 想法內容更新轉變：「我的孩子的態度的確不好，但是他不一定是要表示不尊敬我才如此表現，也許他是在情緒中。」

例二：「我已經說過多少次了，怎麼還不改？」

D. 質疑：「有什麼證據或理由顯示嘮叨夠久的教訓就足以讓孩子改

變？還有什麼我們可以協助孩子的地方？」

「如果我繼續堅決地認為孩子一定要馬上表現得如同我的理想，結果會怎樣？這樣就能使孩子改變嗎？還是一直會陷入氣憤中？這樣堅持對教育孩子有幫助嗎？」

E.想法內容更新轉變：

「他的表現，不一定就是不尊敬父母」；「孩子不會因為我生氣就尊敬我」；「孩子不一定會因我的囉唆而改變」；「孩子有人性弱點，因此看不清道理，不瞭解父母的苦心，繼續生氣下去對誰都沒好處」。

「**重新想一遍**」：對事實的解釋接近真實的狀況，比較不會用過度的想像嚇壞自己。

「**更新自己的期待**」：對孩子的期待適合他們的年齡特質，就有機會脫離反覆的挫折中。

「新的眼光」：重新看一次情緒事件中的孩子，你會發現你的孩子是一個正常、可愛、喜歡探尋世界、正在發展中的孩子，你也是一個愛孩子，但是有些地方還需要學習的平凡好父母。

10

新手媽媽的苦惱，怎麼這麼累啊！

——因為你愛的人增多了

結婚不到三年的小娟難過的不得了，她說：「我現在過的真的不是人過的生活。結婚不久就生了小寶，每天在家裡為這個寶貝忙得團團轉。沒能好好吃餐飯，更不用說休息了！小寶不是哭，就是鬧。生了孩子之後，從來沒有能睡一個安穩的覺。真是累死了。

「今天我幫小寶排氣的時候，他居然在我身上拉稀大便，害我整身都是大便。我洗了好久，才把它洗掉。看到鏡子中的自己，披頭散髮一點形象都沒有，我就坐在浴室地上大哭。小孩在外面拚命敲門，我也不理。我覺得好對不起我的孩子了，我是一個非常失敗的媽媽。我實在太難過了，壓力好大。沒有人能幫我一下忙。

「這個婚姻也是我自己的抉擇，當時娘家也不太贊成，現在我哪裡有臉請他們幫忙？我現在過的是什麼樣的日子呢？我的價值在哪裡？我以前也是家裡的千金小姐，是每天打扮光鮮亮麗的上班族。我決定留在家裡做家庭主婦照顧小孩是明智的選擇嗎？」

我們來看看小娟的ＡＢＣ。

Ａ 引發事件

小娟的A是：

一個全職媽媽在家裡帶小孩，忙碌得不得了，身心疲累不堪，有一天受不了而大哭流淚。

B 想法信念

小娟的想法是：

結婚前自己是個千金小姐，也是上班族。出於自己的選擇，決定在家做全職媽媽。但是日常生活中有許多瑣碎的事情，尤其是照顧自己的兩個年幼小孩，花了許多時間以及精力，所以疲憊得不得了。因此，懷疑自己選擇做全職媽媽是不是缺乏智慧的決定。

另一方面，因為太過疲累，所以忍不住大哭起來。對自己情緒失控的現象，小娟覺得自己是非常失敗的母親。也認為自己不是好媽媽。同時又認為，既然當初是自己選擇這個娘家並不贊成的婚姻，就需要自己負起這個責任來。即使現在有需要，也不能向娘家求助。

在小娟的想法中，我們發現她對自己的幾個要求。例如，一個全職媽媽應該要能夠輕鬆地維持一個自己有生活品質的生活，同時也把小孩子照顧得很好。否則，就不應該做全職媽媽，當初的這選擇是不聰明的，這樣的媽媽是一個失敗的媽媽。

小娟另外一個堅持就是自己的生活裡，即使身心非常疲累，也不能夠尋求娘家的人幫忙。只要是自己選擇的對象，現在就沒有資格要求娘家幫助。或者有一層假設是，如果她現在去請求娘家的幫助，是一件非常丟臉的事情，甚至娘家的人會看不起她，不願意幫忙。

另外讓小娟不舒服的想法，是如果自己情緒失控的話，就是一個對不起孩子的媽媽；做一個好媽媽，應該能夠隨時都保持冷靜，並且情緒處理得當。

C 情緒後果

在這樣的狀態下，小娟的心情是懊惱、難過。

D 質疑駁斥

小娟沒有想到的是：

雖然選擇做一個全職媽媽，但並不表示就具備所有能滿足家中每個孩子各種需要的能力，因為孩子隨著發展，各個階段的每一天都會有千百種不同的要求。

孩子每天會出什麼狀況，有什麼特別的需要，不是事先可以企劃整理做準備的，經常都是突發狀況，全職媽媽一個人必須要在短時間內快速地決定及反應，如此，孩子才能健健康康長大。

但是全職媽媽也是普通人，誰擁有這麼完備的條件可以在分秒之間做出非常明確的反應，而且自己還非常安穩與平穩？所以有時慌慌張張，或者出錯，甚至孩子不小心碰到頭，扭了腳，都是非常可能發生的事。就算受過專業訓練的人，也不可能快速完成正確動作的同時，還能心情穩定。

再者，每個人的時間及精力都有限，忙了孩子的事，可能就沒有辦法顧及其他。因此，當我們全職關心孩子的時候，可能沒有辦法同時顧及自己的穿著、自己的笑容，甚至自己的髮型。但是，這並不表示一輩子都要這樣，可能必須接受孩子還小沒進學校以前這幾年，自己披頭散髮是滿正常的。照顧小孩就像是馬拉松選手，每天都要跑很長很長的路，不可能跑完幾圈之後，還能非常悠閒地坐在那邊，當然會顯得身體疲累。因為我們實在做了許多的事，花了許多的精神。新手媽媽會覺得很累，或者心情低落，都是非常自然而合理的。

另外，小娟認為當年父母不太贊成這樁婚姻，是自己堅持要這樣選擇，因此現在不能回家求助，擔心父母會因此而再度責備和嘲笑自己，不願意幫自己的忙。但事實果真是這樣嗎？父母的出發點都是希望孩子能夠幸福快樂，現在看到小娟的狀況需要幫助，他們會不願意幫忙自己的孩子嗎？尤其是照顧孫子、孫女，相信他們會樂於幫忙的。

E 具功能的新觀念

小娟可以這樣想：

雖然自己選擇了當全職媽媽，但這並不代表自己就沒有疲累的權利。我們不能因為動機是好的，因此所有結果都令人非常滿意。選擇做全職媽媽的同時，也選擇了不以自己需求為中心的生活方式。因此，在這樣的狀況之下，只顧到孩子而沒有辦法顧到自己是非常可能的狀況。

但是同樣的，**自己的需求也是重要的**。疲累的時候需要休息，忙碌的時候需要幫手，這是天經地義的事。現在小娟需要想想，可以到哪裡去尋找一些幫助。娘家其實是一個非常好的來源。小娟可以這樣想，我的媽媽雖然反對我原來的婚姻選擇，但這並不表示我媽媽不會心疼我的辛苦。就如同一般人不論如何看自己的子女，一旦有需要，通常都會願意去幫助他們一樣。小娟可以偶爾到娘家去走走，讓自己在忙碌當中有片刻休息，甚至可以帶孩子回娘家去住幾天，讓自己得以喘息。

另外一方面，要做一個全職媽媽也要能接受不是所有事情都能處理得非常完美，畢竟我們在照顧孩子的每個階段上都是新手，需要由經驗中去學習。抱著一份學習的角度不要求自己做的完美，也許會輕鬆一些了。

每天非常勞累付出到能量耗盡的時候，顯得疲弱甚至有無助的感覺都是很正常的。要哭就哭吧！孩子睡覺的時候，不要急著去做很多的家事，先休息一下。碗不會跑掉的，碗每天都要洗的。重點是：你的快樂是孩子成長最好的保障。

♥ 愛的小叮嚀

不堅持完美就可能是快樂的媽媽喔。

11

這個孩子存心跟我作對！
——他只是個平凡有情緒的孩子！

陳先生下班回家，一眼就看到小學四年級的兒子匡漢盯著電視看，看到爸爸回來也不打招呼。陳先生隨口說了一句，「你看書能像看電視一樣認真的話就好了。」匡漢回過頭來對陳先生說：「你還不是一樣愛看電視！」陳先生一肚子氣，心裡想：「居然跟我嗆聲，沒來由的跟我發脾氣，反了！反了！才四年級，就叛逆了，將來還得了！每天我累得像牛一樣，他舒舒服服地吹冷氣還跟我嗆聲！簡直被他媽媽慣壞了！」

陳先生一個晚上心情都不好！

瞭解一下陳先生如此反應的ABC。

A 引發事件

陳先生聽到孩子對自己說：「你還不是一樣愛看電視！」

B 想法信念

1. 對兒子行為的解釋：我兒子有意跟我嗆聲。
2. 對兒子的假定：「孩子太壞！」、「孩子叛逆」。
3. 自己對這件事下的結論：「現在這樣，將來一定也不好。」（1＋2的結果。）
4. 擴大延伸：孩子這種行為完全是媽媽慣壞了的結果。

C 情緒後果

陳先生的情緒是：生氣、難過、心情不好。

R 結果或影響

整起事件的結果是：陳先生「對孩子印象差」、「對自己的印象差」、「沒有動機教導孩子」，以及「親子關係緊張」。

陳先生原來的動機是對的（不要孩子看太多電視），希望也是應該的（孩子應該要好好回答父親的問話，應該要馬上做出父母認為正確的反應）。

D 質疑駁斥

陳先生沒想到的是：

兒子對自己說了不中聽的話，唯一的原因就是他有意要對自己嗆

聲？可能是這樣。但是有沒有其他造成他這種反應的可能？如果我們看電視被人酸的話，心裡會不會不高興？說話應該不會太好聽吧？

E 具功能的新觀念

所以，當聽到兒子沒好氣地對我們說話，我們心裡不舒服是自然的，但是對事實的解釋，是可以花點時間想想的。

重新想一遍

我的兒子是正常的孩子，被人嘲笑責備的時候，心情不好是他當時的反應。不一定是針對我。

改變結論

雖然我希望我的孩子說話口氣好一點，但是他口氣不好，不一定就是跟我嗆聲，也有可能是因為被責備了以後，心情不好的自然反應。

我兒子一次不理想的反應，並不表示他以前是這樣，以後更是這樣。事實上，最近也有覺得這個兒子很貼心的時候。

所以我有的是一個有人性，有時讓你煩心，有時讓你窩心的孩子。

愛的小叮嚀

不要用揶揄的話取代你的希望。

幸福秘方

一、先接受自己會有情緒這件事。

「我的希望是正確的，但是我孩子的反應也是自然的。」

二、換一副看兒子的眼光。

「我兒子才四年級，他也不是惡劣的孩子，改變是非常有可能的。」

「如果我期待我兒子被人家責備還可以嘻嘻哈哈很快樂的話，那我是在期待一個很奇怪或者不正常的孩子。這是我要的嗎？」

三、把你的希望用平穩態度，清楚具體地說明。

「爸爸知道你喜歡看電視，就像爸爸一樣。但是爸爸希望你能把功課先做好再看。」

四、表示願意幫忙。

「你做功課時有沒有什麼困難是爸爸可以幫忙的？」

13

我大聲吼叫，太失敗了！——不是失敗，只是一時受不了！

王太太說：「我實在太失敗了。這孩子要把我逼瘋了。今天學校通知我，孩子在學校說肚子很痛，叫我帶他去看醫生。結果醫生說看起來身上沒有什麼毛病，問我是不是壓力太大？四年級的學生有什麼壓力呢？他有我們的壓力大嗎？明明就是不想上學給我裝病！這麼小就如此詭詐，敢給我裝病！氣死我了！

「學校常來電話說他的狀況，三不五時就要趕著去處理。你不知道，

我的老闆臉色有多難看，甚至問我要不要回家專心做家庭主婦？有的時候把我氣得大吼大叫，事後我也很後悔。

「我跟我先生訴苦，你知道他怎麼說嗎？他居然說那你就辭職在家好了，反正我們也不差那點錢！你說說看，他這是什麼態度！家是我一個人的嗎？你說我是不是很失敗！」

我們來看看王太太的情緒ＡＢＣ連鎖反應。

A 引發事件

學校通知王太太去接小孩子回家，因為孩子說他肚子痛，後來發現小孩根本沒有病，醫生建議媽媽不要給孩子太多壓力，王太太覺得受到責怪，回家後生氣地大聲責罵孩子。事後，王太太對自己大聲吼叫的行為覺得後悔，認為自己是個失敗的壞媽媽。而王先生對這件事的回應使王太太更為挫折。

B 想法信念

王太太對她孩子行為的解釋：

我的孩子是故意給我找麻煩。我的孩子裝病不去上學是沒有理由的，在小學念書應該是非常輕鬆的事，至少小朋友在國小階段應該是沒有什麼壓力大到要裝病。如果孩子裝病就是要逃學，這樣的孩子就是說謊、狡猾的孩子。

另一方面，她認為失敗的人才會情緒失控地大聲吼叫，同時，做先生的應該瞭解如何恰當地安慰太太。

C 情緒後果

王太太感到生氣和沮喪。

D 質疑駁斥

王太太沒有想到的是：

其實根據很多的觀察研究，發現孩子在小學階段同樣也有很多壓力，譬如說功課不瞭解，不會寫，別人譏笑他個子小……，甚至有時候也有可能被霸凌；或者因為自己膽子小，沒有朋友覺得孤單，或者怕老師。尤其小朋友要從無憂無慮的世界，開始學習遵守規則，要聽權威的話是很有壓力的。

用自己的表現、長相來贏得別人讚賞以及在學校小團體中的地位，其實需要一段時間的學習，不是短時間就能夠適應，有時候還需要一點別人的幫助。

因為孩子在小學這個階段，情緒的體會及表達方式有限，往往有一堆情緒，但是有時無法分辨，因此不清楚自己到底是害怕？還是興奮？或者是緊張？更不要說能夠非常精準地將自己的感受用最適當的語言表達出來。

學齡兒童倘若心中累積了很多混亂不清的情緒時，有時確實容易影響到身體。讓他自己感覺好像生病了，並不一定是他故意裝病。雖然孩子也有裝病的可能，但是不可否認，他可能有其他地方需要我們的幫助。

E 具功能的新觀念

把王太太腦中翻譯機內容轉變一下：

「雖然我們非常希望孩子不要裝病以避免去學校，但是當孩子出現這樣的行為時，可能也不是完全沒有理由，也不一定就是個壞孩子。」

「孩子有分辨不出來的情緒壓力而出現生理症狀的時候，也是一種表達方式，他不一定是狡猾或說謊的孩子，也有可能他的身體真的不舒服。」

「孩子在學校一樣有很多壓力，如果我們不幫著他去瞭解，陪著他學習去面對陌生有壓力的環境，可能就失去幫助他勇敢面對一個不理想環境、學著去瞭解自己的情緒以及如何能夠好好表達自己情緒的好機會。他就不至於要用裝病這件事來逃離那個令他有壓力的環境。」

我們**關心的不是中止這個行為而是關心他的動機**。如果父母用責罵或大吼的方式來停止這項行為，那麼就沒有辦法知道他遭遇了什麼事情。孩子的情緒本身不是壞事，重要的是為什麼會出現這些情緒，他需要什麼幫助。

我蠻同意心理學大師阿德勒所說的「**沒有壞孩子！只有受挫折的孩子**」。父母可以針對孩子的需要，瞭解到孩子真正的困擾，協助他培養更合適的情緒表達方式，使他能夠更適應他的環境，而不是單單制止某一個行為或某類情緒反應。

最近網路上討論滿熱烈「媽媽獅吼症」，也就是遇到孩子行為不符合自己期待的時候，會大聲吼叫。父母往往對自己這樣大聲吼叫的反應覺得非常挫折，因為遇到事不順心，情緒失控，然後就大聲吼叫，好像無法控制。但真的沒有辦法控制嗎？

其實，從有一點點生氣到完全失控的暴怒是需要一段時間過程的。有沒有發現，情緒的強度是隨著你的想法一直往上飆漲？一開始，有點生氣。接著，就想到「這個孩子怎麼可以這樣？」情緒就又高漲了一點。馬上你的想法就開始做解釋了，「這樣的行為就代表我的孩子是說謊的孩子。」這時候不但生氣，還憂慮了起來，於是情緒程度加重了，想法也開始蔓延火燒起來。「你怎麼可以這樣？你這樣根本就是找我麻煩！我在辦公室已經受到老闆的壓力了，你還來給我壓力。你要這樣欺負媽媽嗎？我對你還不好嗎？」火越燒越旺，情緒達到沸點。這時候，你的眼光瞄到孩子的表情，「一副不在乎的樣子」。「我氣成這樣，你還無所謂？今天非讓你知道誰是媽媽！」於是巴掌及大吼聲齊發，而你事後既懊悔又驚訝自己怎麼會如此惡劣。

也許我們可以這樣想：

雖然我希望孩子不要裝病或者拒學，但是他用拒學來面對環境也是一種方式，是一個平凡小孩面對一個他不能控制的環境時所用的方法，就跟我偶爾不想去上班會用的方法一樣，所以我應該要幫他學習如何處理難題。當我開始有情緒的時候，可以學習不要讓想法繼續氾濫。回過頭想想，他真的是故意的嗎？他真的不需要我幫助嗎？我們的心情也不會強度高到不能控制。但是即使偶爾因為想法使自己失控又大聲吼叫，也並不證明自己就是壞媽媽，那只是一個心疼孩子但又不知道怎麼處理挫折感媽媽正常的反應。

♥愛的小叮嚀

世上沒有壞小孩，只有受挫的孩子。

13

兄弟為什麼不能相親相愛？

——因為他們是兄弟

陳太太說：「我被他們兄弟兩個煩都煩死了！平常已經非常忙了，可是兄弟倆總是不停地來告狀，就像昨天晚上就不過為了一輛小汽車就吵翻天了。有人送給我一部彩色小汽車模型，因為這次月考，老大考得很好，我就把汽車模型拿給老大。同時，我也跟老二說，『下次你考試進步的話，媽媽也會買一個給你。』

「接著兩兄弟就吵得不可開交了。到了房間，兩兄弟就搶來搶去，老二居然把哥哥的汽車模型摔壞了。我簡直氣炸了，就揍了老二一頓。我叫老二跟哥哥道歉，他也不肯，還狠狠地瞪著哥哥。等我走了以後，哥哥在房間裡大叫『弟弟咬我』。

「你看我的孩子怎麼這樣？兩個兄弟不能相親相愛嗎？這麼沒有愛心，以後怎麼辦？」陳太太非常難過的說。

我們來看看陳太太的ＡＢＣ。

A 引發事件

陳太太買拿了一部小汽車模型給了老大，結果老二生氣，並且把老大的汽車模型摔壞了。陳太太要求老二跟哥哥道歉，結果老二不但不肯道歉，還咬了哥哥一下。

B 想法信念

陳太太對於老二的行為有一些假定跟解釋。其中之一就是，我把汽車送給老大是因為老大表現得很好，送給他，應該是非常公平的事，因此老二就不應該心情惡劣。因為我也告訴他，他遲早可以拿到另外一輛模型小汽車，所以他應該能夠瞭解而平心靜氣的接受這樣的安排。

他們既然是兄弟，就應該能夠相親相愛，不會因為一點小事情就彼此攻擊。這次老二攻擊哥哥的行為是一個他沒有愛心的證據，將來可能做出許多可怕的行為。如果家中的孩子有衝突的話，就證明母親並沒有把孩子教好，也是非常失敗的母親。

C 情緒後果

陳太太非常傷心難過。

在一個家庭裡，孩子永遠是父母心目中的寶貝，但是如果有一個以上的小孩，不曉得你有沒有遇過這種情況，那就是老大說你偏心，老二也說你偏心？在兩個完全不同的小孩之中，要怎麼做到所謂的公平，真的很考驗父母親的智慧。

D 質疑駁斥

陳太太沒有想到的是：

兄弟之間該不該有競爭呢？兄弟之間有爭執是不是就是沒有愛？在很多家庭裡面難以處理的，常常就是兄弟之間的爭執，甚至打架。

我們非常不喜歡看到自己的孩子間出現傷害性行為或者感情不好。就陳太太兒子的例子，二兒子當然不應該跟哥哥爭吵，也不應該把哥哥的小汽車摔在地上。這種行為的確需要制止。

但是不妨想想，這個現象的意義是什麼呢？兄弟倆有爭執就表示他們沒有愛了嗎？常聽人說「我們是打出來的感情」，意思就是說人可以一方面彼此相愛，一方面又很生氣對方的某些行為，就像情人間也是一面愛一面吵。

但是兄弟之間為什麼不能好好相處呢？對，這值得思考一下。有的時候我們會說哥哥為什麼不像弟弟那麼聽話？有的時候又會感慨，弟弟為什麼這麼難搞？妹妹為什麼這麼內向害羞？沒看到姐姐這麼自然大方，又有人緣。有意思吧？

兄弟姐妹天生就是相互競爭者。他們緊張什麼呢？為的就是競爭媽媽爸爸的愛跟注意。因為人類由嬰兒時期一直到能夠保護自己獨立生存，需要經過一段蠻長的時間，因此父母的注意及關心是人類能夠存活的重要因素。所以孩子在本性上，不可抗拒地要爭取父母的注意。

可是如果老大外向，老二也外向的話，他比得過哥哥嗎？很顯然，他的年次經驗不夠，可能沒有辦法超越哥哥而引起父母的注意吧！所以內向乖巧才能讓父母注意他。老大聽話很配合父母的話，老二就調皮一下囉，因為他調皮，才會讓父母注意到他。你可能會認為這樣不是自討苦吃嗎？別忘記，孩子只要為了得到父母的注意，往往是非不分的。老大老二多半會不同，所以不需要把兩個孩子做比較。

如果我們能夠接受，他們都是我們不同的寶貝，那麼就可以照他們的性格來做不同的管教跟處理。所以，兄弟爭吵確實會令父母頭痛，也需要處理，但是不要因為孩子彼此有爭執，就認為他們有問題。

需要注意的，反而是父母的差別待遇對手足情感有更大的殺傷力。如果不介入手足的爭執，並且做出誰對誰錯的判斷的話，反而手足可以有今天打架明天又是好朋友的機會。如果涉入兄弟間的爭執，然後告訴哥哥或者是弟弟，他是錯的一方，反而會造成兄弟間彼此厭惡，因為他會認為父母偏愛哥哥或偏愛弟弟。

我們一定要對孩子的行為加以教導，但是處理孩子不妥當的行為時，要適當地處理，告訴他父母原來的用意，並且是出於愛他才這樣做，但是他的行為是可以修正的，讓老二最後願意自己去跟哥哥道歉。

不要讓孩子心中產生不平或者感覺你站在其中一邊。

另外，要提醒的是，當老二發現他沒有小汽車的時候，期待他因為瞭解幾個月之後，可能有機會得到小汽車而不會失望的話，對這個年紀的孩子來說，非常的不自然。所以我們可以糾正他發脾氣的行為，但是同時也要能夠理解他的挫折是自然的，有這樣的反應也是人之常情。送給孩子一個禮物，對另外一個沒有禮物的孩子來說，是不是的確是「偏心」呢？

E 具功能的新觀念

陳太太的翻譯機內容可以改寫一下：

雖然我們有好的動機，但是孩子一時之間可能無法瞭解而有所誤會，也是自然的。至於家中的孩子發生爭執的原因，並不一定是出於父母的教導不好，而是人性自然的反應。所以我不需要自責，認為是自己失敗，或者自認為是不成功的母親。事實上，我只是擁有兩個蠻正常的孩子而已，他們在打鬧之間還是有感情的。

愛的小叮嚀

父母不要做審判官，需要做心理疏導員。

14

孩子大吼大叫，他有情緒障礙嗎？

——他只是個正在發展情緒的孩子

宜君氣餒地說：「我丟臉死了！上星期我帶小孩去百貨公司買他的衣服，結果他堅持要買一件難看又太小的衣服，我就說這件不好，我們買別的，好不好？結果他大哭大叫，最後坐在地上不肯走。我拉他，勸他都沒用，他繼續大哭。

「有一個歐巴桑經過，就對我孩子說，『別哭！別哭！媽媽壞壞！』真是把我氣死了！關她什麼事？我孩子居然跟著說『媽媽壞壞！』繼續大叫，好多人看我們的鬧劇，真是好丟臉！我真是好失敗喔！你說，我的孩子是不是有情緒障礙啊？」

孩子情緒失控的情形，往往會對父母形成很大的挑戰，尤其在孩子還小，無法控制自己的情緒反應時，常常使父母在眾人面前覺得難堪。

情緒其實也是有發展階段的，由籠統的情緒到精細的情緒都是有時間性的。孩子幼小的時候，情緒分化發展還不成熟，不論大小事，嚴不嚴重，他都一樣激烈反應，誇張的全身激動，往往造成父母的不解跟憤怒：「這麼小的事情，需要發這麼大的脾氣嗎？」

我們先來認識一下宜君的ＡＢＣ。

A 引發事件

實際發生的情況是：孩子在百貨公司因為母親不肯答應他的要求就大哭大叫，坐在地上不肯走，路過的大嬸隨口說「媽媽壞壞」。

C 情緒後果

宜君的情緒反應是生氣。

B 想法信念

對這種狀況，宜君有好幾個想法：

一、宜君的期待是只要父母好好地勸小孩，他就應該聽話。宜君已經好好地勸他，他就會馬上停止不理想的行為。

二、孩子在大庭廣眾下哭鬧制止不了，就證明父母是失敗的。

在這些想法的促動之下，宜君感到蠻挫折的。

D 質疑駁斥

宜君沒想到的是：

孩子的情緒發展是有階段性的，不同階段需要不同的方法來幫助孩子管理好他的情緒。

一般而言，年幼的孩子很難瞭解在什麼場合應該用什麼方式來表達他受挫的情緒，講道理是不是一個最合適的方法，是要看年齡來決定的。年幼的小孩受挫的時候，多半是憑直覺而不是根據道理來反應。所以我們可以想想：

一、幼小的孩子只要受挫，不分事件的嚴重與否都是全身反應。所以孩子的情緒反應，並不是表示他不講理，是一個特別搗蛋有問題的孩子。他只是一個正常的孩子，在遇到挫折的時候，用他那個年齡習慣的方式表現出受挫的反應。

二、我的孩子有這樣反應的時候，是因為我教得不好嗎？還是他只是個需要時間學習如何管理情緒的正常孩子呢？

三、如果有一個陌生人說我是個壞媽媽，是不是所有人都會認為我是個壞媽媽？我就真的是個失敗的媽媽嗎？

其實靜下心來想想，這位大嬸也是隨口說說，她並沒有認真來看待這件事情。也許她只是認為這樣說，孩子可以平靜他的情緒或者她一向就是這樣對她的孩子說話的，同時這也不代表你丟了面子。路人也不會這麼嚴肅地來聽或是同意這位阿嬸的說法，大部分人可能會憐憫這位母親而不是看笑話吧。

E 具功能的新觀念

宜君可以怎麼想呢？

首先，**建立一個比較合理的期待**。先接受孩子在這個年齡是會出現這樣情緒激動不能控制的狀況，這是一種自然的情況，接受自己跟孩子都需要慢慢學習控制情緒。

其次，**接受這個時期的孩子不一定用合理解釋就能夠停止他不可控制的情緒衝動**。

那該怎麼做呢？一般說來，要改變一個不理想的行為就是讓他的行為得不到他所要的後果，所以沒有反應是一個比較適合的處理方法。

愛的小叮嚀

孩子需要時間長大，等等他吧！

15

被孩子臉書封殺，孩子不信任我！
——他們只是長大了

「我只不過是上我兒子的臉書，看看他在做什麼，有什麼需要我關心的。看到他同學的留言，我就問孩子那個同學到底發生什麼事？因為我也認識那個同學。結果，孩子一聽，馬上臉色一變，質問我為什麼要上他的臉書？還要管他同學的事情？他也不聽我的解釋，就這樣把我從他的臉書封殺了。我會做出傷害他的事嗎？我這個做媽媽的就不能知道孩子的事嗎？孩子這麼不信任我嗎？什麼事情都是我在為他張羅，他有感激嗎？現在上了國中就變了一個人，朋友最重要，為了朋友什麼都可以。我有哪麼不值嗎？做媽媽的只是看一下他的臉書，我就變成拒絕往來戶。」詹太太氣得不得了地說著。

A 引發事件

詹太太和她兒子之間到底發生了什麼事？

詹太太的兒子在國中念書，平常有上臉書的習慣。詹太太為了想要瞭解兒子的情形，因此就上兒子的臉書去看看他最近都在做些什麼事情。結果看到兒子同學遇到一些麻煩，因此就問他這位同學的狀況。詹太太的兒子聽到媽媽上他的臉書，又知道他同學的事情之後，非常生氣地封鎖了媽媽，詹太太就成了兒子臉書的拒絕往來戶。

B 想法信念

詹太太的想法是：

我上兒子的臉書是很嚴重的事嗎？做媽媽的，難道不能夠關心兒子嗎？我關心一下他的朋友也是出於好意，為什麼我兒子要這麼生氣？認為我侵犯了他的隱私，並且把我封鎖，成為拒絕往來戶。

我這個做母親的在兒子心目中的份量就比他的同學矮這麼一大截？他的同學就可以上臉書，知道他的事情，我是他媽媽就不能知道他的事情，這有道理嗎？

作為母親，如果被兒子拒絕上他的臉書就表示兒子不信任我；也表示兒子把朋友看得比母親重；兒子一定有一些事情隱瞞我；親子關係比以前疏遠，是一種不信任的關係了。

C 情緒後果

詹太太的心情是：既生氣又難過。

D 質疑駁斥

詹太太沒有想到的是：

兒子不讓媽媽上他臉書的原因，真的是因為他討厭媽媽，看不起媽媽？我們來想想。

青少年是認知思想正在轉變中的一個年齡，**他們逐漸脫離以父母為中心，轉為自己與朋友為生活重心的年齡**。青少年開始探索人生的許多面向，同時也開始用心經營屬於他個人世界的人際關係。最重要的，就是他跟朋友之間的關係。青少年與父母的關係處於轉變又矛盾的狀況中，一方面要父母提供一切身心所需，給他一個安全又不需煩惱的家；另一方面，他又希望能脫離父母的眼光，塑造一個單純屬於自己的天地。

因此，青少年對於他自己剛剛擁有的這一片空間，看得非常重要，非常小心翼翼地保護著。在這個世界裡的朋友關係是他自己選擇建立的，彼此的關係也是他自己去界定的，是一個新學習到正在練習的能力，因此會有保護過度的現象，深怕有人會破壞朋友之間的信任以及朋友之間的友情。

所以，看起來好像青少年把朋友看得比父母還要重，其實這並不完全是事實。只是他對於這種新的關係，顯得非常興奮，也非常珍惜。他對父母並不是不重視了，只是父母是隨時回家都會在的存在，而且相信父母都是無限地愛著他們，也會接納他們的。因此，在這個階段，他們就暫時把父母放在後面，然後用心去經營目前的生活重心了。

再想一想，臉書有部分功能是說說平常難以說出來的話，有時是抒發心中的感觸或一些奇怪的念頭。因為不是一般狀況，所以如果被人發現的話，就好像心中的秘密突然被發現一樣的尷尬或羞怯，所以反應激烈也是很有可能的。

E 具功能的新觀念

詹太太也許可以這樣想：

雖然父母非常希望國中的孩子依舊能夠跟自己無話不談，互相分享秘密，希望孩子依然像他小學一年級時一樣地崇拜我們，聽我們的話，在我們身上撒嬌。但是必須面對的是，孩子已經逐漸由孩童走向成人的階段，一步一步地要走向他自己的生活，塑造自己的未來。重要的是，他需要開始學習如何去選擇朋友，如何去安排生活空間，瞭解什麼話可以跟哪些朋友說，什麼話要聽朋友的。享受跟他的朋友互相信任的感覺，建立相互依賴的關係，這在成人世界裡是多麼重要學習的功課。

在這個青少年時期，父母的重要性好像降低了，其實父母在孩子的一生之中都有著非常重要的影響，是他們的靠山，是他永遠的安全堡壘。只是在這個階段，他發現世界有這麼多新鮮玩具的時候，有時忘了父母的存在而已。

雖然想想還是有點心酸，但心中也要認清，這就是人生！孩子雖然是我們心中的寶貝，但是他人生的路要自己走，他需要自己學習保護他的隱私。

也許可以這麼想，如果沒有確定孩子想要讓我們知道什麼事情的時候，最好不要用暴力的方式去發現。

上臉書去看到他在做什麼，他在想什麼。他的朋友又是怎麼回事。這就好像心中有一個小小的秘密花園，突然被個大巨人闖進來看得一清二楚一樣，孩子覺得尷尬或憤怒也是難免的。**尊重孩子的隱私**是建立彼此信任關係的非常重要的基礎。

父母需要忍耐，不要唐突地上孩子的臉書，可以選擇用心建立其他的溝通管道。譬如，喝下午茶、一起去旅行、到郊外騎騎腳踏車，建立新的成人關係，讓孩子能自然地把他的想法，把他的夢告訴我們。這樣，就能夠以他們能接受的方式來瞭解我們的孩子了。

不要以為孩子是跟我們疏遠了，只是他的注意力被人生更新鮮有趣的事情抓住了。**父母需要學習如何跟子女建立成人與成人的關係。**和諧，沒有太大的壓力，覺得輕鬆互相瞭解的管道，對為人父母的來說，是一個蠻大的挑戰，但絕對是一件值得投資的事業。

愛的小叮嚀

孩子喜歡朋友並不代表他不愛他的父母。

16 老師不能多體諒孩子一點嗎？

——老師也是人！

「為什麼要這樣對待我的孩子？老師不能夠耐心一點嗎？忘記簽聯絡簿是我的錯，為什麼要處罰我的孩子呢？他才小學二年級耶，哪裡記得這麼多事？忘記告訴他就好了，為什麼要罰站整節課？我好心疼喔！老師還是碩士，他應該上過很多現代教育的課，不知道愛的教育是很重要嗎？怎麼還用這麼傳統的方式來處罰學生。真的不能理解！我想到學校跟他老師溝通，結果先生叫我不要去惹麻煩。我到底該怎麼辦呢？就讓老師繼續這樣對待我的孩子嗎？」李太太非常氣憤、也很憂心地說。

A 引發事件

李太太的抱怨是因為發生了什麼事？

孩子在學校被老師處罰，原因是媽媽忘了簽聯絡簿。

B 想法信念

李太太的想法是：

因為非常用心栽培孩子，因此對學校及老師也就有較高的期望。當老師的做法明顯違反父母所認為的教育理念時，就想到學校去提供意見，也希望老師可以做另外的處理。

另外，李太太還有一件不能理解的事情，「老師如果受過專業的教育訓練，應該就能由專業立場做出明智的決定，不至於這麼沒有愛心。」

老師既然受過師範教育，應該能夠有耐心地對待孩子，不應該隨便就處罰學生。李太太認為，老師應該知道忘記簽聯絡簿是她犯的錯誤，不應該處罰孩子。

C 情緒後果

李太太的情緒是：生氣、心疼、擔心。

D 質疑駁斥

李太太沒有想到的是：

當家長到學校跟老師表達不贊同他的處置的時候，就在孩子的學習環境中投下了一個不可控制的變數，例如，老師對他會有特殊的印象。就人性的觀點來看，老師應該不會有好的印象吧。如果我們的角色地位使老師覺得有壓力的話，他可能會把我們的孩子看成是一個麻煩，是棘手的孩子；可能認為這個家長是一個挑戰老師專業的怪獸家長。

如果老師真的因為我們的介入，而對孩子有特殊待遇的話，同學可能認為他享有特權而排斥他，或者會譏笑他是媽寶。孩子最不希望的，就是跟其他同學有差別待遇，**受到同學排斥及譏笑其實才是最傷害孩子的事情。**

這件事雖然因為我們的介入而得到媽媽自己認為的公平正義，但是也有可能種下了不可控制的負面結果。我們的好意可能在無形中創造了一個對自己孩子不利的環境。說不定原來的事情，一下子就過去了，但是父母介入後可能就搞大了，讓老師及其他同學都不喜歡你的孩子，那就真的太委屈孩子了。

E 具功能的新觀念

也許我們可以這樣想：

雖然老師的做法從做父母的觀點來看不妥當，老師應該有更多耐心，也應該要採取更溫和的處理方法，但是他的處理後面也許有我們不瞭解的道理，甚至可能是學校的要求也說不定。例如要訓練學生負責任的習慣，也許老師之前在課堂上一再交代，要同學記住要提醒父母簽聯絡簿等等。事情並不一定完全是我們所想像的那樣。老師管理一班的小學生，跟我們只負責一個孩子的考量有時是不同的，條件也不一樣。老師也有人的限制，事情多了、煩了，許多重複的交待，都可能使他挫折而失去耐心。

如果老師做得的確不對，家長要不要出面處理？這可能要多一點的思考：爸爸媽媽用哪一種方式來幫助孩子更適合？我們需要考量最後所帶來的可能後果是什麼？對孩子來講，哪一種方式他比較能夠應付？他比較能夠接受？我們可以事先跟孩子商量討論，也要問問他的想法，即使他只是二年級學生，但是我相信他可以表達他心中所希望的樣子。

我們可以用長期的觀點，想想看現在是否應該採取什麼樣的行為反應？不要在自己衝動之下，導致很難收拾的結果。如果孩子自己願意、也有能力學習去適應的話，也可以考慮讓孩子自己去適應環境，畢竟他終究需要自己去面對他的難題。

但是如果事情真的比較嚴重，例如被同學霸凌、欺負或者威脅敲詐，那做父母的當然必須去學校瞭解實際狀況，然後跟老師商量如何處理可以保護孩子。

有的時候，孩子如果有特殊狀況，我們也需要事先跟老師溝通，讓老師瞭解你孩子的特質以及限制。這樣老師在處理的時候，就能夠考慮你孩子的特殊狀況了。爭取老師的支持幫助是非常重要的，讓老師覺得你是一個合情合理的家長，並且願意與老師合作，共同來教育你的子女，可能是比較平衡的做法。

♥ 愛的小叮嚀

老師也是平凡人，也需要瞭解與支持。

17

兒子為什麼有心事都不跟我說？

——孩子也是會擔心媽媽煩惱的

胡太太很傷心地說：「今天我孩子學校的老師通知我到學校，我才知道我的孩子闖禍了。因為班上有兩個同學常常欺負我兒子，威脅他把零用錢給他們倆，還常常說話譏笑我兒子。我的孩子就在臉書上罵他的兩個同學，結果這兩個同學的父母就告到學校，學校就通知我去瞭解狀況。

「他為什麼有心事都不跟我說？每次都事情做完了，才告訴我。這次如果有辦法解決的話，他也不會跟我說的。我是多麼失敗的母親，我的孩子居然在有困難的時候，也不願意跟我說。我這麼不能被我兒子信任嗎？現在全校都知道這件事情了，一定有些家長會認為我這個母親是一個失職的母親。我太丟人了。」

胡太太愁容滿面，非常煩惱。

我們來看看胡太太的ＡＢＣ。

Ａ 引發事件

引起胡太太情緒的事件如下：

她的孩子在學校被兩個同學威脅辱罵，因此他就在臉書上說了些這兩個同學不好的事情。結果這件事被對方家長發現了，並向校方反映，學校要求她去處理。

B 想法信念

當時胡太太的想法是：

孩子遭遇到不好的事，居然沒有告訴自己來請求協助。這個孩子的反應就是不信任父母的證據。要是別人知道這種情形的話，一定會認為我是一個失職的母親，那是多麼丟臉的事。

C 情緒後果

胡太太心情是蠻心疼、難過又傷心的。

D 質疑駁斥

胡太太沒有想到的是：

青少年在碰到一些生活上的麻煩時，他們往往傾向於忍耐、自己想辦法去解決，而不告訴父母。這是不是完全因為不信任父母呢？

曾經有人針對正處在青少年階段的子女們，做了調查，希望知道青少年為什麼有心事、有困難，卻不告訴他們的父母？青少年們有幾種不同的答案。現在跟大家分享一下，也許對瞭解青少年會有一些幫助。

其中一個主要原因是，「父母總是在我還沒有說完的時候，就告訴我，我是如何做錯，然後就說很多他們的道理，我應該如何如何。」青少年想，「既然父母不願意聽我說完，那我就不說好了。」

有些青少年說，「我既然心裡知道，父母一定會反對我的想法或做法，跟他們說，只會增加更多麻煩。那麼我就自己試試看，如果不成的話，再來找父母幫忙就可以了。」

更多的青少年則是認為，「只要我把我生活上或是學校裡有麻煩或困難的事情告訴我的父母，他們就會擔心得不得了。這份擔心也會增加我自己的壓力，因為我自己也很煩惱或後悔，不知道要如何處理。所以為了免除這種壓力，我還是不告訴他們好了。」

少數青少年認為，「以往我說出我的困難的時候，往往因為父母對這件事情處理方法的意見不一樣，而引起他們之間的爭執。我不希望因為自己而引起父母之間的不愉快，所以我就乾脆不要說好了。」

另外也有一些青少年認為，「反正不管我說的是什麼，爸媽都會責備我，認為都是我的錯，都是我的不是。反正他們不瞭解我，我說了也沒有用！所以我就不說了。」

也有部分青少年表示，「有時候父母會把我的困難失敗誇張數倍的嚴重，常常跟親友們抱怨我是多麼令他們煩惱，害我在大家面前丟了面子，被人恥笑。所以我有問題、有弱點，一定不跟我的父母說。」

也有孩子不認為他的父母關心他在做什麼，因為他們非常忙，都沒有時間聽他說話。所以兒女不跟父母說他自己的遭遇以及困難，不見得完全是因為不信任他的父母，而可能是因為前述所說的其中一個理由。

E 具功能的新觀念

也許胡太太可以這樣想：

雖然，我們非常希望自己的孩子在他遇到困難的時候，可以在第一時間內就告訴我們，讓我們可以幫助他解決難題，但是即使他沒有選擇告訴我們，也不代表他不信任我們。

父母需要慢慢改變對青少年孩子的看法。因為幾年過後，孩子就要成為獨當一面的成人了。雖然非常希望幫孩子擋下所有人生困難，但是我們也很清楚，孩子需要學習獨立處理他的生活挑戰。當然，孩子在剛開始自行處理事情的時候，因為缺乏人生閱歷，考慮得不夠周全，可能會處理得不好，甚至有時候惹上一身的麻煩。但是人生的功課必須讓孩子自己慢慢去瞭解、去認識及學習的。

胡太太可以轉個念頭，「孩子的確需要父母的引導、鼓勵，學習如何去面對困難，經營他的生活。但是孩子有他的想法或做法也是嘗試學習的過程，不一定是不信任我！」

孩子會慢慢轉變為一個成人。我們不能保護他一輩子，也許可以找個時間聽聽孩子當時的想法以及感受，然後跟孩子把這件事情應該如何處理好好地說一遍，共同想出一個比較完善的處理方法。經過誠懇的溝通，親子之間可以藉著這次的困難及挑戰，建立更扎實而互相安心的關係。

愛的小叮嚀

孩子成為成人前是需要時間經驗的。

18

真受不了溺愛孩子的另一半——要怎麼樣想呢？

溫爸爸的苦惱：「我太太跟我訴苦她多麼辛苦，整天為寶貝兒子忙得團團轉。我的孩子到現在還要他媽媽叫他起床，什麼事情都要他媽媽打理，做事丟三落四的，完全都靠媽媽去提醒他做功課、讀書。有時候作業忘記帶了，我太太還急忙送到學校去。我就跟我太太說不要累壞自己，太寵小孩。兒子晚起就讓他遲到，吃點苦頭，否則他沒有辦法長大，自己獨立負責任的。結果，我太太就說你做得到，我可做不到。你說我該怎麼辦？我就不管囉。

「我太太反過來又說，我都不關心她的困難，都不幫她解決問題。我已經告訴太太非常多次，這樣下去對孩子是不好的，還把許多現在成功名人的例子，分析給他聽。為什麼我講了很多次，她都聽不下去！我太太一直鑽牛角尖，完全不聽道理。女人都是這樣說不通的嗎？如果在公司，我早就開罵了。有多少人佩服我的智慧，我擺平了多少麻煩事！我講的都是有道理、有根據的，結果她都不聽。有這樣不明事理的人嗎？還反過來說我都不積極管家裡的事。那你跟我說幹什麼？莫名其妙的女人！」

現代人小孩生得少，個個都是爸媽的心頭寶，夫妻之間針對孩子的教養問題，容易出現不同的意見。有時候一個比較嚴厲，另一個也許又過於溺愛。到底該怎麼和心愛的另一半溝通教養孩子的問題呢？

A 引發事件

溫爸爸遇到的困擾事件是：

溫太太遇到一些生活上的麻煩，比較傾向於為小孩做許多事。溫先生勸溫太太不要太溺愛孩子，應該讓孩子自己做，結果不但遭到溫太太拒絕，同時她還認為溫先生並沒有努力參與家裡的事情。

B 想法信念

溫先生有幾個想法：

其中之一，就是**教養孩子的原則**。溫先生認為，孩子不可以被照顧得太好，孩子自己的事情需要自己負責，不應該讓媽媽提醒及協助。溫先生因此認為溫太太是一個溺愛孩子的母親，這樣的管教方式不對，會導致孩子不能獨立。

溫先生最受不了的是，他把這些原則道理用實際的名人例子非常完整地告訴太太，而且這些道理都很正確，這些道理他也不只講了一次，而是許多次，太太應該聽懂了。可是太太居然不同意也拒絕聽他的，這件事讓他非常不能接受。

另外一個想法也困擾著溫先生。他認為，太太既然提出問題，就表示她尋求他的幫助。如果自己已經提供好的方法，太太就應該滿意自己的幫助，至少不能認為自己對家裡不夠用心。

溫先生還有一個原則，就是人聽懂了對的道理都應該能夠接受而改進，無法接受已經聽到道理還不能改進的現象。如果聽過之後還不能改進，就沒有權利來要求幫助或者抱怨。相較於其他同事，溫太太的反應十分難以理解。

難怪溫先生會覺得很挫折。因為明明是太太提出問題，自己真的用心告訴太太應該怎麼做。這些是溫先生根據自己在社會上的經驗，並且蒐集了各式各樣的資料才得出的結論和道理，應該是非常正確的。溫先生也不是隨便說說，因為他的道理在自己的職場上被稱讚是有智慧、非常好用的。所以溫先生很難理解，「為什麼我的道理這麼正確，太太卻不聽我的道理呢？」更不解的是，自己已經說了很多次。太太應該會改變她的作法才是，結果太太不但沒有因為自己的道理而改變，甚至有時候還拒絕聽他的道理。這樣的現象，溫先生是十分難以理解與接受的。

C 情緒後果

溫先生的情緒是難以接受，又很挫折。

D 質疑駁斥

溫先生沒有想到的是：

一個人面對一個棘手事件的時候，是沒有辦法馬上脫離情緒的困擾而快速面對事實，有邏輯、有組織地思考的。

當溫太太跟溫先生抱怨的時候，可能正在思考到底問題出在哪裡？

為什麼會發生這件麻煩呢？等到她自己把情緒安定下來，事情想清楚的時候，才算準備好要接受別人的意見。

可是溫先生的習慣可能是注意太太抱怨中聽到的問題，然後把問題放入腦中，快速地分析以及做事實驗證，這些通常是默默在腦中進行的。等到他很有效率地思考分析之後，就急於把自己的答案告訴太太。

可是他沒有想到，太太這時候是無法承受這些解答的，因為她還在情緒中。對太太來講，如果先生這時候提出道理，可能反而是種壓力。等到她把情緒處理好、安穩之後，就準備好聽道理了，但是等到太太情緒平靜下來時，溫先生卻已經氣急敗壞，沒有說的興致了。因為他已經說了非常多次，也不願意再說道理了。

因為兩個人思考的方式及需要的時間不一樣，所以溫先生想到的是太太的困擾在哪裡，要如何解決等等，但在當時，對溫太太來講，這些可能不是重點。所以當太太發現並沒有得到先生的接納跟鼓勵時，就容易誤會先生並沒有專心聽自己說，或者不認真去考慮她的問題。所以當兩人的思考路徑不同時，常常容易造成彼此的誤解、失望或傷心。

E 具功能的新觀念

溫先生或許可以這樣想：

雖然做先生的可能認為自己正在盡責地協助太太，她就應該不要誤會我的動機。如果道理是對的，我也說了許多次之後，太太應該要接受我的道理。

但是我需要瞭解，太太現在沒有接受我的意見或不願意聽我的道理，並不一定是不聽我的道理，可能是她現在還處於沒有辦法聽道理的階段。

有時提出問題的一方需要的是有人陪她弄清楚，到底這件事情是一個什麼樣的麻煩？所以一開始，溫先生可以陪著太太，讓她講完心中的擔心和愁煩，並且安慰她的用心。等到太太情緒獲得紓解之後，再慢慢跟她分析這件事情的意義以及問題所在。在這個時候，溫先生再把人生及職場上累積的經驗、道理，慢慢地說給太太聽，效果就會很不一樣。

但是有人可能會問，這樣沒道理吧？夫妻之間並不需要計較誰對誰錯，而是要顧念彼此的需要，不是嗎？就像我聽一個牧師說過的故事：有一對夫妻站在吊橋的起頭，太太顯得非常害怕，不敢過吊橋，先生就講了很多道理，像是「這座吊橋可以載重兩頭大象，你有比大象重嗎？」可是這時候，要看重的不是誰的道理正確，而是這個時候，對方需要什麼？也許太太需要的就是先生說出「讓我牽你過這座吊橋」。先生如果這麼一說，事情就好解決了。

愛的小叮嚀

夫妻間不在乎輸贏，只要關心彼此的需要。

19

先生跟我管教方式不一樣，找我麻煩！——真的是這樣嗎？

「我的先生跟我兩個人對孩子的要求跟管教的方法非常不同。我在管教孩子的時候，我先生會當著孩子面，跟孩子說『你媽媽就是這樣，聽聽就好。』有時候甚至還跟我兒子眨眼、做鬼臉。在我兒子面前，我一點尊嚴都沒有！難怪我說的話，孩子都當耳邊風。

「我跟他溝通了好多次，他只會跟我說，不要緊張，孩子會長大的。說我太過焦慮了。你說怎麼辦？氣起來跟他吵嗎？他就是扮白臉、討孩子歡喜，都由我做黑臉。

「有的時候連我的公婆也一起說我太嚴格了，說我先生就是這樣長大的，還不是很好？我的孩子就是因為有長輩可以撐腰，都不聽我的話。有時候居然還學他爸爸說『媽媽你太緊張了』。父母對孩子態度不一致，孩子不會錯亂嗎？」秦太太很挫折地抱怨著。

我們來看看秦太太的ＡＢＣ。

A 引發事件

秦太太煩惱的事情是：

自己跟先生管教孩子的態度及標準非常不同。相較之下，秦太太對自己孩子要求得比較嚴格，先生不但不配合一起管教，還在她教訓孩子的時候，態度輕鬆地與孩子說說笑笑，甚至還批評秦太太過於緊張了，連公婆也同樣認為她過於嚴格。

B

想法信念

秦太太的想法是：

父母子女的管教標準及方式應該要一致。夫妻兩個人要互相配合，才能有好的教養結果。所以當父母一方在管教孩子的時候，另一方就應該同意自己的做法，口徑一致的教育子女。如果夫妻教育的標準或方式不一致，父母就沒辦法管教孩子了，因為孩子會因父母管教態度不一而不聽父母的教訓。

秦太太的觀念中，親人家屬都應該跟自己的教育理念一致，而且對待孩子的要求及標準也要相同，否則孩子就無法管教，並且造成孩子的迷惑。

C

情緒後果

秦太太的情緒是氣憤、困惑。

D 質疑駁斥

秦太太沒有想到的是：

一個孩子會不會因為父母對他的期待不同而產生非常負面的結果？甚至到無法管教的地步呢？

通常父母會有一個迷思，就是孩子是不懂得判斷的。只要父母說得清楚，孩子就會照父母規定的方式自然地做出理想的行為；父母說什麼，孩子就會做什麼。

一般情形下，我們理所當然地認為自己的道理是對的，任何與自己不一樣的教導及方式可能是錯誤的，或者是不配合自己的做法，尤其緊張孩子聽到的道理是不是正確，擔心孩子會因此做錯。

但是我們沒有想到的是，孩子自己真的沒有思考與判斷能力嗎？想想我們的成長過程。自己的爺爺奶奶、爸爸媽媽、不同時期的老師們對自己說了好多道理，對待我們的方式也非常不同，人生中的重要人物做人做事的方式和標準非常不同，但是我們還是很正常地長大了。所以孩子不會因為父母的管教態度不一樣就一定會錯亂。當然，如果父母的態度一致，的確是會使管教容易一些。

還有一點也是秦太太沒有想到的：

我們假定孩子聽話唯一的原因，是怕我們的緣故。其實孩子也是一個有感情的人，他也會因為不希望母親不喜歡自己而選擇順從媽媽的教訓。同樣的，孩子愛自己的媽媽，也喜歡看到媽媽的笑容回應。

要孩子聽話，不見得一定要嚴格或一板一眼才行得通，**重要的是要使孩子在乎你。**只要孩子在乎你，他就會聽你的話，否則也會在你前面很有規矩，在你背後又是另一種模樣了。

還有一點也是我們要想到的，孩子人格培養中很重要的一個部分，是**孩子與親人的關係。**我們往往在注意管教原則是否一致的時候，忽略了孩子與其他親人的感情，**被愛的感受是建立信心的重要來源。**

當感受到好多人愛自己，自己在許多人心中非常重要的時候，就不會輕易做壞事，使得愛自己的人傷心失望；孩子也能在許多親人身上學習不同的做人做事方法。

我們現在認為絕對正確的教育理念，客觀來說不一定是唯一的真理。在孩子的周圍還有一些跟我們想法不一樣、但同樣愛孩子的人能給他們不同的觀點及做法，可以彌補自己的不足。也許換個角度看別人對孩子的態度，也就不那麼難以忍受了。

E 具功能的新觀念

秦太太可以這樣想：

雖然我非常希望在管教孩子的時候順利無礙，不過其他人也會幫助我達成教導的任務。

如果遇到別人沒有表示贊同自己的時候，當然會覺得麻煩、不順利，這時候，不高興是很人性也很自然的。但從另外一個角度來看，正因為夫妻想法不完全一樣，孩子剛好可以學習聆聽不同的意見，這也同樣有價值。

當然，每個家庭都有自己堅持的品行要求，以及重視的價值觀及傳統，這部分就需要坐下來好好商量。在家庭中，哪些事是非常重要的，例如對長輩的態度、負責的程度、誠實、善良、愛心等等，重要的原則需要夫妻兩個人有共識。

至於每個人要如何執行就各自決定。夫妻有不同的性格以及與孩子互動的習慣，個人用自己的方式去教育孩子，不一定要形式完全一樣。當然，應該事前說好，當一個人在管教孩子的時候，另一半要注意不去批評對方，以免使管教的一方失去權威，這點也是重要的。

因為子女的學習不僅僅是聽你怎麼說，更多的影響是你的作為的榜樣。夫妻之間彼此尊重的互動，是孩子學習的自然材料。

重要的是，不要因為要堅持所有人的做法都得跟自己一樣，而影響孩子與其他家人互動的時間，因為被家人愛的感覺對孩子的成長是很重要的。一個覺得自己在許多人心中很重要的人，會考慮他所愛的人的感受。

愛的小叮嚀

愛我孩子的人可以給他們不同的學習。

20

怎麼一點都不緊張？

——所以越緊張考得越好？

李太太急急忙忙地回到家裡，趕著做飯給小孩吃，她心裡還有一點罪惡感，因為最近公事很忙，都沒有時間陪小孩做功課，明天小孩又要月考了。但是李太太把飯煮上後，回頭到小孩房間，才發現兒子小寶不但沒在看書，還戴著耳機，翹著二郎腿，一副沒事的樣子。

李太太一看，氣就上來了，她大聲地對小寶說：「你明天不是要考試嗎？」小寶懶洋洋地回答，「是啊！」李太太聽了就更氣，「明天要考月考了，你還不要不緊的，一點都不緊張的樣子，還不看書！」小寶說：「我等下就會去看。」李太太氣壞了，「趕快去看書，已經來不及了，還等一下！上次考試考得那麼糟糕，還不趕快準備！一副不要緊的樣子。」

結果小寶並沒有在自己房間看書，反而到客廳走來走去，好像在找東西的樣子。李太太著急地問：「你還不去看書，在這裡蘑菇什麼？你在找什麼？」小寶答道：「我在找我的書，沒有書怎麼看？」李太太簡直快氣瘋了，「要月考了，連書都弄丟了，你有用心嗎？把手伸出來！」李太太打了小寶幾個手心，看到小寶流下了淚水，她覺得自己好失敗喔。

來看看李太太的ＡＢＣ。

A 引發事件

李太太回家之後，看到孩子在聽音樂，雖然他明天就要月考了，但沒有在看書。

B 想法信念

李太太的想法是：

「下個星期就要月考了，不是應該緊張嗎？還有閒情逸致聽音樂，一點都不緊張的樣子。他就是不認真，不重視成績表現的孩子！他是不用心的孩子！」以及「我打了孩子，我是個失敗的母親！」

李太太對這起事件的解釋是：

「小寶一點都不緊張，居然把課本都弄丟了。這樣的表現一定是不用心，一點都不在乎。一點壓力都沒有，這樣的孩子是不負責任，沒有盡到做學生的義務。」

C 情緒後果

李太太看到兒子要月考了卻沒在念書，感到生氣又沮喪。

D 質疑駁斥

在這起事件中，李太太沒想到的是：

一個人在不在乎一件事，就是以他緊不緊張來判定的嗎？如果不緊張就代表著不在乎、不看重或不負責任嗎？

誰說一個人在不在意就看他緊張的程度？越緊張就越有責任感嗎？這個假定由哪裡找到證據？緊不緊張是不是跟一個人的性情有關？有些人容易緊張，即使他沒有要為月考讀書，還是緊張；有的孩子不容易緊張，也許非常在乎，但是不緊張的情形也是可能的。而真正緊張的人，讀書會有效率嗎？現在的孩子好像有三頭六臂，可以一面打電腦，一面看電視，一面聽音樂，又一面讀書！

E 具功能的新觀念

李太太可以這樣想：

「雖然我希望孩子會在意他的功課，這個希望是有道理，也是對的，但是孩子不緊張也不一定代表他不在意。」

孩子不讀書可能有很多原因，也有可能是因為太在意了，有些孩子會因為壓力太大而使用一些逃避方法來應付緊張情緒。所以最好先瞭解孩子需要什麼幫助，而不是一味地假定孩子是不用心，當然跟辜不辜負父母的辛勞更沒有關係了。他會這樣，只因為他是一個平凡有苦惱的十二歲孩子。

愛的小叮嚀

不要太早假定孩子行為的動機，瞭解會使我們的態度更好一點。

21

這是什麼態度？——只是一個受挫有人性孩子的態度

督促孩子做功課一直讓劉太太感到頭痛，看孩子玩得很開心，往往有點捨不得叫他們做功課。當劉太太小心翼翼地提醒孩子要做功課的時候，孩子不情不願、拖拖拉拉。提醒了幾次之後，劉太太一氣之下就關掉孩子正在玩的遊戲機。孩子嘟著嘴，不情願地走回書房，關門的時候砰地一聲。

這時劉太太真的生氣了，「你這是什麼態度？出來給我說清楚！還敢生氣？你還有理由啊！媽媽叫你做功課有錯嗎？你不應該做功課嗎？」

孩子由書房走出來，臉上掛著兩行眼淚，劉太太看到心裡更氣了，也覺得自己好委屈。

「你覺得委屈嗎？是你委屈，還是我委屈？我為了這個家連研究所也不念，就希望你們能乖乖地讀書，看看你，有感激嗎？什麼事都是我在擔心，我做黑臉，你爸爸在哪裡？只會做好好先生，一點事情都不管……」

說著，說著，劉太太的淚水不禁流了下來。

劉太太的ＡＢＣ是怎樣的呢？

A 引發事件

整個事件是因為劉太太關了孩子的遊戲機，孩子生氣的反應，讓劉太太憤怒又委屈。

B 想法信念

劉太太自動浮現的想法是：

1.對兒子行為的解釋：孩子不接受我的管教。

2.對兒子的假定：孩子心中沒有我這個媽媽、孩子根本就不體諒媽媽的難處。

3.自己對這件事下的結論（1＋2的結果）是：

「這個孩子不尊重我，不服我的管教。」

「這個孩子脾氣太壞了。」

4.擴大延伸：自己沒去念研究所，完全是因為孩子的緣故。

R 結果影響

劉太太覺得：

「對孩子失望。」

「自己覺得付出沒價值。」
「挫折。」

C 情緒後果

整起事件前後，劉太太的情緒是生氣、委屈又難過。

D 質疑駁斥

其實劉太太原來的希望是對的（孩子在面對父母管教的時候要心悅誠服），但她沒想到的是：

1. 人被剝奪喜歡做的事情，會因為有道理就不會有負面情緒反應嗎？如果你正在看連續劇，這時候你的孩子要求你幫他做功課，你沒有理他幾次之後，兒子關掉你的電視，你會因為孩子的理由是正當的，就高高興興地跟他去做功課嗎？

2.聽到有道理的話，就能讓人心悅誠服？不管是用什麼方式來說？

3.只要我有理，孩子就應該好心情的回應我。否則就是不理睬我，不尊重我，我的話一點都不重要！這個結論是事實嗎？

有時候因為我們講的太有道理了，所以沒把人性考慮進去，可不可能其實對方也同意你的道理？但是人不會因為有道理，就不會受傷、生氣或者起反感吧？想想我們期望孩子應該如何反應呢？

如果孩子笑？「還笑？你有沒有羞恥心啊！」；孩子只好沒表情，「什麼？面無表情。一點反應都沒有，麻木不仁！十歲就這樣，以後還得了？」孩子做錯事的時候，哭也不行，生氣也不行，沒有表情也不行！

唯一能夠被媽媽接受的反應只有一個：認錯！

「媽媽我錯了！剛剛實在是一時失神去玩那個電動玩具，我知道我不應該玩那個電動玩具，我知道你是為我好，你的道理實在太對了，你提醒了我，我現在要乖乖地去做功課。因為我太愛數學了！我太喜歡寫英文了！真的！媽媽，真的對不起！」

如果孩子這樣反應，我們一定非常欣慰有這樣的孩子？這是我們期待的理想答案，對嗎？

父母用心就是要培養這樣的孩子？所謂的教育，就是要教育出這樣的小孩嗎？

重新想一遍

我的兒子是正常的孩子，心情不好的時候會出現負面情緒是正常的，不一定就是不尊重我，不服我的管教。

即使我的孩子也同意我說的道理是對的，但是我們都是平凡人，被責備以後，有挫折的負面反應也是自然的。

E 具功能的新觀念

劉太太可以這樣想：

我希望我的孩子能多點時間念書是對的。

雖然我希望我的孩子能自動體會我的用心，但是他沒好心情不一定是不體會父母的用心，他只是一個十歲的孩子，沒法想那麼深遠。

當我的孩子被打斷了正在進行的有趣活動，受到快樂終止的對待，心情不好是正常反應，跟尊不尊重自己沒有太大的關係。

♥愛的小叮嚀

不要因為自己有道理，
就期待別人可以有非人性的表現。

22

為什麼不認真練琴？——因為不是他選擇學鋼琴的

簡太太生氣地說：「我花了好多的錢，才給我的孩子請來的鋼琴老師，可是每次要他練琴，他都不肯練，到最後變成我的事，一再提醒，最後還跟我哭，這個孩子怎麼不知感恩，好多孩子想學琴都沒辦法學，一點都不會珍惜！」

A 引發事件

簡太太的孩子練鋼琴的時候，不主動、需要媽媽提醒才去練琴。

B 想法信念

簡太太的想法裡有好幾個讓她生氣的內容：

應該：「我的孩子應該要學鋼琴。」

期待：「我的孩子應該樂意自動去練琴。」

解釋：「因為孩子被動而且不樂意的反應，是代表我的孩子不知道感恩。」

有一次，我在街上看到一個牌子上面寫了幾個大字：「爸媽！你遲了！」我有點好奇，過去看看是什麼事情遲了？原來是一個音樂潛能開發班的廣告。上面寫著音樂早期開發是如何重要，但是讓我有點驚訝的，是廣告上說入學的年齡是三歲。所以學習的項目越來越多之外，學習的年齡也趨向越來越小了。

現在的父母非常認真地栽培孩子是普遍的現象。大家都希望現在讓孩子多學習一些將來可以成為成功條件的課程，也擔心在關鍵時刻沒有讓孩子學習某一項技能，會不會造成他將來永遠的遺憾？將來孩子長大之後，別人會彈琴，他不會彈琴時，會不會埋怨自己失職呢？自己花工夫選擇給孩子學習的課程，當然會希望他能夠用心學習。如果遇到孩子不認真、甚至拒絕排斥，失望之下，當然很難過，也很難忍住怒氣了。

C 情緒後果

簡太太對於孩子不認真練琴的情緒是**生氣**。

D 質疑駁斥

在這個過程中，簡太太沒有想到的是：

是不是每個人都需要學習一項樂器？如果音樂不是孩子與生俱有的天分或特質，為什麼他必須苦練或主動用心練習一項讓他常常感到挫折的樂器呢？而他又為什麼一定要喜歡練？音樂的確需要有先天傾向或者特質的。

E 具功能的新觀念

簡太太可以轉個角度想想：

一、設定另一個目標：

如果不是要孩子將來當鋼琴家，那麼也許可以設立另外一個目標，就是培養孩子的音樂欣賞能力，讓他趕快在生活上多一個豐富的生活內容。但如果是這樣的話，那麼也許不一定要學某種樂器。找一個孩子能夠接受的，但是同樣能讓他享受音樂的方法也許就夠了。孩子聽得懂一些音樂，在家裡放一點自己喜歡的CD片是可以考慮的。

二、改變自己的期待：

如果你認為孩子必須學一項樂器學，當然也是可以的。那就不要期待孩子發自內心地去喜歡練習一個自己沒興趣的活動，也不期待他有更好的學習態度。心中要有準備，讓他去彈鋼琴，是需要強迫提醒的。

三、調節自己對孩子行為的解釋：

告訴自己，孩子如果不好好學習，學琴的態度不好並不表示他是壞小孩，或者故意讓你失望，他只是一個不喜歡彈琴的正常小孩。

瞭解你的孩子，適當地培養他原有的天賦，但不強迫他去學習一個沒有天分但又不感興趣的項目，是維持良好親子關係非常重要的原則。

愛的小叮嚀

如果要強迫孩子
學習一項他不擅長也沒興趣的項目，
就要同時準備接受
一個人被勉強後的自然反應。

23

要怎麼跟青少年孩子說話啊？
——太多改變使他們情緒波動

「我的孩子到了高中就變得很難溝通，好容易發脾氣。今天弟弟不小心把他的勞作弄壞了，他就發狂了，差點就要揍他弟弟。他們以前感情很好的啊！為什麼會變成這樣？我瞭解他花一個週末做好的創造品弄壞了，他一定很難過。可是也不用發這麼大的脾氣吧？

「我就勸他有話好好說不要發這麼大的脾氣，你把弟弟嚇壞了。結果我老大一臉不高興地說，『在你們心裡弟弟什麼都對，我都是錯的。』

晚上也沒有出來吃飯，我要怎麼跟他說話呢？孩子為什麼突然變壞了呢？隨時發脾氣，鬧彆扭也不跟我們說話！他小時候很好溝通的啊！誤會我偏心！我怎麼會呢？」蘇太太心情突然沮喪了起來。

A 引發事件

蘇太太沮喪的原因是，大兒子與小兒子發生了爭執，蘇太太勸大兒子不要發脾氣，卻被大兒子解釋為蘇太太因為偏心才有的舉動。

B 想法信念

蘇太太的想法是：

我的孩子脾氣變壞了！他誤會我是個偏心的母親。我跟孩子是沒法溝通的。

C 情緒後果

蘇太太的心情沮喪。

當孩子進入青少年階段，面對孩子的許多轉變，我們真的不知道要如何反應才好。孩子好像變了一個人似的，原來很聽話的小男生突然彆扭了起來。

青少年期的孩子情緒起起伏伏的。有的時候，看得出來孩子有心事，但是你怎麼問，他都說沒事，還嫌你囉唆。想要關心他們，也不行。尤其是現在的父母都希望跟孩子做朋友，不願意給孩子太大的壓力，但是好像怎麼做都沒辦法得到孩子好的回應。孩子的行為需要修正的時候，也不知道要如何做才不會惹惱了他們？要怎麼說，才能夠幫助他們而不會受到拒絕？想要愛他們，也不知道如何去表達。好難喔。

孩子封鎖了與父母溝通的管道。父母要如何扮演好自己的角色，讓孩子可以信任，跟父母說說他的心事，他做的不好的時候，父母可以管

教他，而他能欣然接受。我們能夠成為親近又互信的親子呢？這大概是許多現代父母心中的渴望吧！

D 質疑駁斥

我們沒有想到的是：

孩子進入青春期之後。隨著生理的發育，外形產生改變，他的煩惱人生就開始了。他發現自己不斷地在改變，但是還沒有完成，這就讓孩子們興奮期待又焦慮了。一顆青春痘都會使他擔心得不得了，「是不是一輩子就變醜了呢？」這是新增加的尷尬又私人的問題，他能隨意地跟父母說嗎？多丟人啊！當然父母就會感覺到他們跟自己疏遠了。

青少年的智力成熟也使他的世界改變。青少年這個時候已經具備成年人的思考能力，這時候的孩子已經能夠分辨是非與真偽，以前完全相信爸媽說的教訓是對的，說的話都是實話。現在突然發現，爸媽也沒有做到他們教訓自己的行為，有雙重標準。

這些領悟會使孩子們失望、不服，甚至憤怒。孩子這時候有思考的能力，但是缺乏人生經驗，只會用絕對的對錯來判定父母、手足、老師說的話和行為，通常會使人有青少年缺乏愛心的印象。

就像蘇太太會擔心老大對弟弟好像太過嚴厲，其實老大是在執行絕對對錯的道德法則，還沒辦法把人性因素考慮在內。給他時間，在經歷更多的人生體驗後，他就會變成跟我們一樣有原則，但是有能力根據狀況做不同的考量。

這個時期也是**青少年認定自己是誰的關鍵時期**。因為一切不確定，在不安的情況下，對別人的反應非常敏感，許多平常的事情都被解釋得有意義而產生情緒。比如蘇太太的話就被老大解釋為媽媽偏心弟弟的證據，再一次確認自己在媽媽心中的分量沒有弟弟重。

因為青少年有新的能力去推測別人行為的動機，並且與父母區別，

開始建立自己解釋事情的獨特模式，所以會懷疑爸媽行為的動機。日常生活中可能就會出現令父母傻眼的反應，像是蘇太太只是想勸老大不要那麼生氣，就被解釋為不愛自己，只愛弟弟；關心他，提醒他不要忘了帶書包，他會解釋為「你就是不信任我，我這麼大了會不知道嗎？媽媽根本沒把我當大人看。」所以你的關心就被解釋為你想把他變成媽寶，要控制他的舉動。這樣一來，在狹窄扭曲事實的解釋下，他的臉色就不好看，語氣也差了，讓癡心愛孩子的爸媽失望又擔心。

所以，作為青少年的父母應該怎麼辦呢？完全不要管我們青少孩子嗎？面對新的時代，我們需要裝備自己成為合適的父母，如何執行我們管教的責任是可以考慮時代背景及我們孩子的特殊需要。

針對這個世代的孩子，陪他們思考是一個父母的時代任務，因為他們想得雜，跳躍式的思考模式使他們對自己沒考慮太多就得出來的結論深信不已。所以好好聽他們說話的內容是非常關鍵的。我們要聽到他們如何想事情，才有機會把你的人生經歷放在他腦海裡產生平衡的功用。所以，好好聽，不要聽一半就急得想糾正他，反駁他的道理。「**很有意思，你是這樣想的？你的看法呢？**」是好用的句子喔！

「**做父母的不要惹兒女生氣**」，不是怕小孩，而是不要激起孩子氣憤的情緒。如果父母堅持自己的解釋是對的，不讓孩子說出自己的想法，就無法調整他的想法；不讓孩子說出自己的真實想法，就是強迫他說謊了。

另外，在這個青少年以自我為中心的世代中，孩子需要擁有關心別人的條件，滑世代的人際關係是快，準，毒。你的孩子也一樣，在沒有考慮別人的感受下，會不自覺地說出或做出傷別人心的事情，所以，孩子需要清楚明顯的被愛來學習。

父母要更直接誠懇地表達，勉強自我表露對孩子的愛，讓孩子認識你真正的擔心、想法，調整自己原先的態度來認識真相，給彼此進步修改的機會。花時間聽孩子說話及他各種方式的表達，瞭解他挫折行為真正的原因，寬恕他的限制所帶來的負面感覺，幫助他發現自己的優勢，協助他瞭解挫折意義，給他希望與信心。

尊重孩子發展過程的時間，把孩子看成是一個有尊嚴跟我不一樣的個體。也是一個有血有淚的人，也是會委屈也是會愚蠢，也是會犯錯的，與你我一樣。

E 具功能的新觀念

因為人本來就是充滿限制思想不周全，又喜歡過度解釋。所以做父母的要接納孩子在這個階段表現出來的人性弱點，學習寬恕。最終，我們會發現，經過青澀的時期，結果會是五彩的。孩子真的是我們最大的祝福。

愛的小叮嚀

做父母的，你們不要激怒兒女，
免得他們灰心喪志。

24

孩子為什麼不聽話，意見這麼多？
——因為他準備成為大人了

「我的孩子到了國中，現在完全變了一個人！我提醒他一下要讀書，不能整天玩打籃球。他就跟我說一堆打籃球的重要性，還告訴我網路上專家怎麼說怎麼說，反正我就是不對。我就告訴他不要這樣講話，他居然回嘴說那要怎麼說？真是氣死我了！他小時候好乖、好聽話，為什麼一到國中就意見這麼多？簡直是叛逆！」呂太太說。

國中是非常有趣的一個階段。除了身高、體重不一樣了之外，其實還有個重要的關鍵改變正在進行中：孩子腦袋中的程式慢慢在換新更替。國中以前，孩子相信父母所說的都是真的，幾乎不會懷疑爸媽的道理。但是孩子到了國中，他的認知能力有重大的進步，逐漸具備跟成人一樣的運算能力，可以開始無中生有的抽象思考。看著螢幕，他的腦中開始編故事了，把自己當成偶像劇中的男女主角、開始作起白日夢。這是人類非常重大的思考能力的更新與轉變。

國中時期，孩子認知思考能力的進步對父母來說是一個不小的挑戰，是需要瞭解與接受的。改變為人父母的反應模式幾乎不能避免，也需要學習。

一、認識並接納他有能力推測別人行為的動機

國中時期的孩子已經有跟成人一般的邏輯運算能力了。簡單地說，

就是他開始可以去推測、解釋別人行為中的動機，並且自己做解釋。就跟父母可以推測孩子的動機是一樣的。例如：「我媽就是愛比較，根本不是關心我，只是要我成績好給她面子！」

二、同情國中孩子能發現成人話語矛盾後的糾結

國中生可以發現父母說的與做的不一樣，也就是他會瞭解「要求孩子做的事情，爸媽自己做不到」的現實意義。以前他不會把很多事情聯想在一起，找出它的因果關係。可是，現在他可以一方面聽到自己的媽媽對他奶奶說話不禮貌，再把媽媽平時叫自己「小孩要尊敬父母」這兩件事連起來了。然後他得出了一個結論，就是：媽媽說謊了，媽媽是說話不算話的人。於是他開始用這種結論認知來對媽媽回話，語氣態度就不佳了。

三、幫助青少年調整理想主義非黑即白的道德觀

國中階段的道德觀充滿理想主義色彩，他的思維屬於對錯分明、非黑即白的認知模式，容易用比較嚴厲的方式和標準去要求別人與自己。缺少了人性的考量下，他很難諒解父母一些並不怎麼合乎他理想的行為。

父母需要瞭解這是國中孩子正在開始運用推論解釋的新能力，需要花蠻長的時間才能有彈性、有人性地來看待別人跟自己的行為。他需要幾年的人生經歷才能夠瞭解，人性有限制，沒有辦法做得那麼理想。更重要的是，他需要有一天能夠接納人是可以不完美的，這樣才能夠原諒別人，也才能夠更接受自己。做父母的可以幫助孩子發展彈性及接納人性的道德要求，所以我們要有耐心等孩子長大成熟，同時學習接受暫時孩子的彆扭。

孩子進入國中就表示，親子關係走入另外一個階段，也就是成人對成人的時候了。

來看看呂太太的ABC。

A 引發事件

呂太太認為：孩子對自己的話很有意見。

B 想法信念

引起呂太太生氣的想法中有蠻多要求與解釋：

要求：孩子應該只要聽我的話就好，不應該跟我唱反調，或者對我的作為有意見。

我的孩子不能夠這樣講話。

解釋：這樣子講話就代表孩子存心跟我作對。

我的孩子跟以前不同有改變。

孩子改變的解釋：代表著孩子現在比小時候不乖、不好。

C 情緒後果

呂太太對孩子的行為感到生氣。

D 質疑駁斥

呂太太沒有想到的是：

家長當然都希望孩子同意自己的意見，這樣生活簡單許多，也更有效率，自己也不會太麻煩。但是如果不允許孩子提出自己的意見，我們同時也就做了以下幾件事情：

一、鼓勵孩子不說實話。

如果說出實話，就引起父母負面的反應。難道說謊話是我們教育的目的？

二、強迫孩子不要有自己的想法。

父母容易把自己認為對的道理當成唯一的真理，不容懷疑。孩子只需要聽父母的就好，不需要有自己的想法。孩子到三十歲時仍舊不要有自己的意見，凡事問父母，這樣真的是為人父母的希望嗎？想法也是需要練習的。我們有提供機會讓孩子學習嗎？

三、讓孩子學習對自己的想法有所懷疑，而畏懼提出跟別人不一樣的意見。

這樣下去會出現什麼樣的結果呢？父母教育了孩子，「如果自己的想法與權威人士不一樣的時候，最好就是保持靜默，不要有任何反應，否則會倒大霉。」孩子長大之後成為壓抑自己想法的人會是什麼樣子呢？你想像過嗎？

我們要求小孩不要有意見，並不代表他心中沒有意見，只是他慢慢會選擇不說出來而已，好可惜！這樣父母就不知道孩子在想什麼，同時也失去能夠教導孩子修改想法的機會了。所以要教的不是不能有自己的意見，而是如何說出自己的看法。

網路上曾經有一個針對青少年最不喜歡父母做的事的調查。其中蠻多青少年很不喜歡「**不聽他們的意見，堅持自己是對的，並且冤枉孩子說話動機的父母**」。

所以呂太太因為孩子意見不一樣就如此反應的話，可能就犧牲了她所在乎的親子關係。

E 具功能的新觀念

呂太太可以怎麼想呢？

青少年階段準備做成年人的練習，他們需要瞭解很多事情不能單純化，而需要參考很多其他證據。所以當孩子出現非黑即白的想法時，最需要的就是有人能夠提醒他，人是有限制、不能做得完全的。

孩子不可能永遠跟你的意見看法是一致的，青少年的父母先接受孩子長大了，他有充分的能力思考與判斷，他所需要的是想得更實際、要求更合理。所以孩子的任何想法跟你不一樣的時候，可以充分利用這個機會好好瞭解孩子在想什麼，就有機會幫助孩子去加添人性或現實真相的考量，避免過分偏激或是斷章取義。

父母不需要永遠都是自己對，有時可以跟孩子承認錯誤和道歉，讓孩子發現父母也有缺點、不是那麼完美，是可以培養孩子建立「憐憫」情懷，並且能夠接受別人不夠完美的態度的方法，甚至有時也可以請孩子幫助為人父母者一起想想自己不好應付的現實問題。孩子覺得受父母重視，是夥伴，是可以提供意見的成人，也會願意聽聽父母的想法。我們可以跟孩子保持一個誠實，但是互相同理、互相支持的一個關係。

孩子總有一天必須自己獨立面對陌生的環境，複雜的人際關係，自己要去整理資訊，要去判斷、分析，最後再做出他的行為反應。所以，身為青少年的父母的你，現在就是你的絕佳機會，可以幫助孩子越過認知轉換時期，由相信「父母都是對的」，慢慢學習，進入逐漸擁有自己的意見、判斷，但是又可以尊敬長者智慧的國中階段。所以國中階段不一定是叛逆，只是代表孩子開始準備成為一個獨立的個人了。

愛的小叮嚀

恭喜！孩子能表達跟你不同意見時，代表他要成為大人了！

第3部

不看眼下看未來

——培養孩子成為未來世界的卓越者

25

現在父母為孩子預備的真的是未來需要的嗎？

新一代父母用心栽培心愛的孩子，希望可以給他們一個燦爛的人生。「我可以再做些什麼，好讓孩子長大後成為人生勝利族？」現代父母關注自己可以再做些什麼，以保證孩子未來能夠表現卓越，擁有豐沃收入的職業，以及幸福健康快樂的生活？於是忙碌於為孩子預先準備，希望能保證他們成功的未來。

有人說父母手中有一條希望的線牽著孩子，父母的成就感連著孩子的表現，孩子的成就由「成績」那條線左右著。

「現在成績好，將來一定好」，所以計較孩子每一次的成績表現；「不管什麼方法，只要成績好，一切都值得」，所以加班賺錢為孩子支付昂貴的課外輔導費用；「多學多培養，萬一有一天可以用到」，所以忙於催促孩子上各類補習班；「品格教育重要，但是耽誤到功課怎麼辦？為什麼不能成績好，品格也好呢？」不知如何抉擇使得父母好憂心；因為在乎孩子的表現，太想給孩子最好的未來，所以現代父母好慌喔！

數位時代的父母應有新想法

但是我們真的知道未來世界需要什麼樣的生存條件？現在真能事先準備好嗎？

爸爸媽媽非常希望知道以後哪些行業最有出息，現在就可以早早培養，保證孩子在未來世界裡的成功。但是現實是，我們目前的知識是過

去二、三十年前的經驗堆積，而我們的孩子面對的是未來二、三十年後的世界，中間的差距有四、五十年。未來世界的真實狀態是什麼，現在的父母就能知道並預做準備嗎？

現在許多傳統職業已經逐漸消失中，將來才會出現的職業類型，目前無法全部瞭解。數十年後，我們的孩子將面對什麼樣的世界環境呢？彼此聯絡的方式還是手機嗎？交通工具會是什麼呢？現在無人駕駛出租車已經準備上市，將來還需要駕駛員嗎？好多的疑問，現在都無法得到確切的答案。

AI人工智慧的快速發展預料在未來會搶下許多我們今日熟悉的職業種類。二〇一六年人工智慧圍棋軟體AlphaGo戰勝了當時世界排名第三的圍棋高手，這給了我們清楚的警訊：經年累積的知識有些已經無法戰勝數據時代的機器了。

可預料的是，目前許多由人擔任的工作在未來將由機器取代。現在父母精心培養孩子可以進入的菁英職業，在他們長大成人之後，或許已經消失了！

我們把孩子所有可以用的時間都在培養明年可能無用的知識，未來可能消失的職業培訓上，會不會造成孩子在未來埋怨現在的父母呢？

如果我們無法知道明年的晶片尺寸及傳輸速度，又如何能推測二十年後哪一類的技能會有最好的發展？堅持要孩子學習我們現在認為是金飯碗的職業所需要的技能，真的是智慧的選擇嗎？

26

面對新時代，需要新觀念

我們擔心孩子學不夠，因此，強迫也好，勸說也好，安排了許多記憶知識課程要求孩子學習，但是資訊變化萬千，今天很夯的知識，明天很有可能成為不能再用的舊知識。

過去，我們可以把知識不斷地背誦記憶，等到熟練了，將來就可以拿出來成為優人一等的競爭條件。因為以前的知識幾十年後還可以使用，只要努力記憶，比別人記下更多，將來就可以拿出來成為贏過別人的優勝條件。但是未來世界還會是同樣的狀況嗎？

父母的迷思

幾個月前的資訊，今天可能太陳舊而被淘汰了；昨天成績考得很好的科目內容，過一段時間可能就再也用不到。那麼，我們逼孩子把所有時間都花在背誦學科內容上，不允許他們有機會思索不同的答案，培養他的獨立創意，到底是增加孩子將來的競爭力？還是其實削弱了他們的潛力呢？我們的迷思會不會干預了孩子的學習？

知識的累積不等於智慧，人需要在難題挑戰中找到新的答案成為智慧。腦中不斷地更新解題的智慧方程式，富彈性的在各種難題中找到新的答案。

不管時代變成什麼樣子，彈性、創新、不堅持以陳舊熟悉的方式解題、新的思考角度方式架構都是環境中的適應者。

現在的孩子普遍缺少需要解題的環境。「除草機父母」太希望孩子的經驗一直是成功的，所以很在意孩子每次的表現。太過擔心孩子因

為表現不夠好而受挫，盡可能地協助他們不會遇到失敗。答案都是熟悉的，每個孩子的回答都是一致的。

沒有困難，缺乏新課題挑戰的情形下，孩子沒有機會學習各類不同的解題方式。如何能培養出可以用不同角度看問題，創造新答案的能力？在未來多變的世界裡，我們用心培養的孩子有出眾的條件嗎？我們灌輸了許多記憶的知識，排除了任何孩子可以解題的環境，父母的用心會不會反而剝奪了孩子面對未來世界的必要學習呢？

想像一下，未來世界的生活內容會跟現在一樣嗎？哪一類的人是未來世界的勝利族呢？

許多人對未來世界會是什麼樣子非常有興趣，也有各種不同的描述。多數研究者同意，人工智慧技術的快速進步，將會大幅影響未來世界的就業狀況與人際關係。

可以想像的，人工智慧機器人如果可以快速準確地做好原本屬於人的工作內容，那麼一堆工作機會快速消失將不再是新聞了。

未來所需的工作技能

未來快速變動不能避免。工作地點隨職業型態轉變而遷移，現在就已經是事實了。大企業的合併可能使工作者必須在辭職或到異地工作中做痛苦的選擇。

一生從事同一個穩定的工作到退休的可能性如何，現在無法確定。許多學者預料，未來將有許多中年工作者因為失業必須學習另外一種專業。未來將是現代很難想像的就業狀況。

單靠著一張好大學的文憑便保證有穩定職業入場券的時代已經過去，挫折忍受能力與彈性會成為你的孩子能否適應未來生活的重要條件。現在你為孩子預備的課程有考慮這些能力的培養嗎？

獨特的創新能力在職業市場上成為閃亮的明星，現在已經不是新聞了。超出一般人的思考方式、有創意地製造出當時沒人想到的成品是現代企業所需要的點子王。看得出孩子的獨特能力，並且能夠有方法地加以培養，是傳統父母不輕的挑戰。

通訊方法的進展快速，人際壓力隨之增加。溝通講求快、狠、準，效率取代瞭解的耐心。內心的掙扎不容易被注意到，在日常人際互動中容易不經意地被刺傷。**變通、能忍受挫折的韌性會成為未來維持身心健康的重要條件。**

面對新資訊、新挑戰有興趣解題；能夠忍受不確定，有不斷嘗試的毅力，也許才是「未來世界的生存者」。

遇到挫折失敗的時候，有勇氣面對一時失敗的事實，但也有繼續努力的毅力。不要求自己一定要跟別人比較，也有尊重別人與自己不同的做人態度。這些都是在未來世界身心健康的條件。

團隊取代個人表現會是未來多數工作的模式，**懂得如何跟人相處將**

成為工作必須的能力。尊重別人的意見，同時肯定自己的想法。懂得協調溝通，可以商量、能夠討論的彈性是基本的態度，如果還能看到別人的優勢並加以鼓勵，領袖的魅力就明顯了。

不敢面對挑戰、無法達成交辦任務、習慣逃避責任的員工，現在已經是現代許多企業經營者頭痛的來源。「除草機父母」因為捨不得孩子受挫折，先盡力除掉他們可能遭遇到的失敗。看到孩子失望的表情就放棄原先設立的管教原則，如此下去會造就孩子的韌性？還是不負責任的任性？另一方面，許多學者憂慮大數據時代的來臨將會造成人際關係互動型態的改變，數據通訊取代面對面的溝通，人與人面對面說話的機會都會逐漸變少。

↓善於排解壓力是未來必備的重要能力

工作時間隨著手機的便利而延長，機器的快速與準確性大幅度增加

的情況下，未來越來越要求工作的速度加快，容忍犯錯的彈性將變小。工作壓力與緊張情緒將不可避免。高度工作壓力，個人價值的渺小，人際的疏遠將造成未來人類身心健康的威脅。有能力紓解壓力，排除孤寂感，有效地找到支持系統，將成為未來身心健康的條件。

如果你的孩子能夠知道自己的感覺，並且能合宜地表達和舒緩壓力，將來在高度壓力與緊張中找到紓解的可能性就會增多。

會交朋友，與家人維持活躍的互動關係，在人際疏遠的時代有功能地獲得友人的支持與溫暖，也會是未來能夠持續正面樂觀地看自己的重要條件。

在高壓、講求速度的緊張生活中，發現工作外的快樂，身心得到舒緩也是維持健康的重要條件。「自己生命有沒有意義」目前已經是身心病的重要決定因素了。在未來個人影響力逐漸萎縮的情形下，「為什麼要活下去？」預料會成為身心健康的重要影響因素，現在的父母注意到了嗎？

在現今不分個人特色，講究一致化的評量制度，要培養出可以適應未來世界、甚至表現傑出的子女是現代用心父母的艱難課題。

跳脫齊頭式平等

當老師要求孩子與班上數學天資高的同學一樣的數學測驗分數，父母的反應自然是要求孩子更努力、更進步，也會因為孩子成績落後而著急。

現在停下來想想，這樣反應對孩子的影響會是什麼。首先，孩子考不好，爸媽被老師警告，這個孩子會覺得有自信嗎？不太可能！然後父母再提醒一次，「你就是不用心！」再加上一句：「你看，考得這麼爛！」孩子會覺得自己很有價值嗎？

如果成績不能改善，這種循環繼續下去，不久之後，孩子很有可能就被訓練成擁有「我不夠好，我讓老師爸媽丟臉」的自我認定了。「越挫越勇」是多麼遙遠的理想！

在這種齊頭式制度還是主流的時候，如何幫助孩子擁有這種未來世界勝利族群的人格魅力呢？現代父母需要有脫俗的眼光及觀念，轉個念頭想想也許更容易些。

27 培養孩子任性，還是韌性？

過去心理學長時間研究創傷對日後人格特質的影響，現在學者們則有興趣研究那些重創挫折下，沒被打敗還能克服並活得精彩的例子。希望發現這些重創後有能復原的人有什麼過人之處？是天生？是後天？有什麼是形成韌性的關鍵因素呢？

正面詮釋挫折是韌性者的習慣

目前有些學者的看法是面對挫折，能夠情緒平穩、不拘泥原先自己

固有的解題習慣、開放的態度、樂觀的詮釋挫折、有點幽默感、擁有支持系統的人，比較能夠在困境中不被打敗，且能另尋出路。

當孩子做了一件你認為失敗事情的時候，做父母的你如何看待這件事情？如何反應呢？**父母的反應模式往往成了孩子界定自己失敗的習慣。**

孩子不自覺地複製父母對失敗的定義跟詮釋，一次一次的反應就成為孩子記憶中的檔案，下一次孩子有一件自己不如意的事情發生時，自然地，解釋失敗的檔案就出現跟目前面對的事實來配對了：「我失敗了，我就是……」

孩子做了一件不如你要求的事情時，如果父母的反應是「你看你！就是這樣做事，就是這麼不小心！」這句話就是告訴他，他是一個做事不小心的人。

「你怎麼這麼笨！連這件事情都做不好！」這樣就是告訴他，只要有一件事情做不好，他就是一個不夠聰明又笨的人！

「你看看你現在成績這麼爛！將來怎麼會有出息！」這樣是間接地告訴孩子，只要現在一件事情失敗，就沒有未來了！

想想當父母這樣反應的時候，孩子學習到的是什麼？

一、我全部的價值是由一件事來決定的，所以一次錯我就沒價值了。容易為少數失敗的事件就否定自己的價值。

二、因為父母不斷地告訴我一件事的成敗，就決定了我未來的成功與否，後果太嚴重了，養成只要想到事情有一點失敗的可能，就自己主動放棄的習慣，因為很怕失敗的結果，結果失去可能成功的機會。

三、事情只要有一點不順心，就證明全是因為我不夠好，不用心，不夠認真，不夠優秀。自動告訴自己「我沒有用！」很快地放棄努力，不容易有繼續嘗試的毅力及勇氣。

四、我只要做錯事，爸爸媽媽就會非常不高興。我失敗使父母丟臉，爸媽一定會對我失望，以為爸媽只看重自己的成績或表現，不在意

自己的感受。不敢跟父母求助的結果，使孩子失敗的時候沒有機會得到最需要的支持與協助，來度過難熬的受挫日子。

五、沒有機會學習正面詮釋受挫事實的方法，也沒養成如何忍受挫折的能力及條件。

當然，做父母的都希望自己的孩子可以表現優越成功，因為我們疼愛他們，所以有期望、有標準。失望了，有情緒反應也是人之常情。但是人的能力往往是在不斷挫折中學習培養出來的，給孩子機會學習不怕挫折，協助他們克服困難，在一次次的挫折後，培養出最終成功的毅力關鍵在父母的手中喔！

孩子遇到挫折的時候，父母自己對這件事的詮釋是非常關鍵的。要如何給孩子有關失敗這件事的正確解釋呢？察覺自己腦中原始檔案中，自己如何詮釋挫折失敗，領悟並且加以更新是第一步。

請試著重想一遍孩子的挫折事實

一、孩子的這一次表現不如我們的期待，並不代表他所做的所有事都讓我們失望。

二、孩子行為不合父母期待，並不表示是他是個壞孩子，只是一個現在沒有辦法做到父母的標準而需要幫助的普通孩子。

三、孩子一次的失敗，只是某年某月某日做了一件不成功的事，並不代表他以後都會是一個失敗的人。

四、孩子今天的失敗，並不代表他有意辜負你對他的培育，只是代表他是一個正常發展中的孩子。他有他的限制，跟你的培育辛苦是沒有關係的。

父母自己先對失敗有更新正面的詮釋，再協助孩子以積極的態度面對不理想的環境，幫助孩子敞開心胸，用不同的角度來看自己的遭遇，可以提升孩子的毅力。

28

協助孩子超越自我設限

現代的教育制度獎勵一時的成就，斤斤計較每次測驗的分數。每個學科、每次測驗的成績都是鑑定孩子是否成功的指標。因為父母不能接受自己孩子不夠好，因此不斷地制約孩子擔心失敗的反應模式。

父母自己不能面對失敗的態度，無形中培養出孩子膽怯、害怕挑戰的人格特質。若你不能接受孩子在某一階段、某一個項目中失敗，你就有可能使你的孩子失去面對挫折的韌性。

失敗是成功的階梯

孩子面對任何有可能失敗的挑戰時，在想法中就叫自己放棄了，更別說面對它或者爭取一個可能敗部復活的機會。一直以保守安全為最大考量的人生態度，不能接受新的挑戰，常常放棄自己的理想，就成為制約後的習慣反應。在未來世界中，父母不希望孩子的退縮沒自信吧！

鼓勵孩子失敗的時候願意再次接受挑戰，是未來孩子能夠活得有自信的條件。父母現在可以怎麼做呢？

不要因為孩子一科考不好就認為他完全失敗！我們可以先想想，每個孩子的天資都一樣嗎？數學不好也有可能是天賦的關係！我們常說，「爸媽就是因為數學不好，所以才要你數學好啊！」這點需要重新想想！會不會也有可能因為爸媽數學不好，所以孩子數學表現平平？如果孩子沒有特殊的邏輯天份，降低一點要求及標準會使你跟你的孩子心情好一點！

另外，幫助孩子不要因為一次成績不好而洩氣，父母可以鼓勵受挫的孩子說，「我們當然希望成績好，但是不需要現在就馬上很好，每次進步一點就很好了，我們看下次可以進步幾分？加油！」不要求戲劇性、奇蹟般的進步，你跟孩子的壓力都會少很多！

找出孩子的強項並加以培養，讓孩子有被稱讚的機會。喜歡觀察的孩子，帶他們到博物館找主題讓他觀察，回來協助他說給爸爸或媽媽聽，訓練觀察表達。會畫畫，就給他角落可以安心畫畫；手巧的孩子讓他做些家事，完成後鼓勵他。自信可以由各個經驗中獲得。如果只在兒女最不擅長的科目中尋找自信的來源，這樣很不實際！

也許你不能保證孩子就業的狀況，但是你的孩子未來如何認定自己的價值，他對環境友善與否的判斷，他受挫時的反應，能不能有重新開始的毅力勇氣，肯定深受父母的反應影響。

一時失意，但仍知道自己的特殊價值

你可以幫助你的孩子擁有在挫折中不喪失志氣的能力，不會因為一次失敗，就認為自己是個失敗者，因為自己某方面不夠優秀就否定了自己其他方面的優勢。把自己的生命看成長期的投資，可以看重自己生命的成長而超越一時不夠優秀的事實。

我們可以協助孩子以積極的態度面對不理想的環境，幫助孩子敞開心，用不同的角度來看自己的遭遇經驗，並且協助孩子轉換注意的焦點，提高挫折忍受的能力是父母現在可以投資的教養重點。

29

成為孩子的啦啦隊長——如何鼓勵孩子？

史丹佛大學心理學教授卡蘿．杜維克博士（Carol Dweck）在《心態致勝：全新成功心理學》（*Mindset: The New Psychology of Success*）提出「成長型思維的孩子」的觀念，與「固定型思維的孩子」的不同思維方向。成長型思維的孩子相信自己的能力是可以通過努力得到提升，而固定型思維是認為自己的能力是不會變化的。稱讚孩子在過程中的努力可以使孩子注意到操作過程經驗，可以享受自己努力的樂趣，增加孩子繼續接受挑戰的毅力。

稱讚孩子的原則

父母如果單單注重孩子最後的成績及成果，只在孩子有優異表現的時候才加以稱讚，忽略孩子在過程中的努力或者挫折時所需要的鼓勵。孩子自然地追隨父母的眼光，只看重自己最後的成果是否如意來決定自己的價值。用固定型思維的角度來看自己的成敗，認定自己能力條件不可能改變，逐漸就傾向輕易放棄，失去繼續努力的毅力。

那麼，合適的稱讚要如何做呢？有幾個原則：

一、欣賞代替空泛的讚美

「好棒喔！」是父母常給孩子的讚美，孩子並不清楚父母是欣賞自己哪一個行為？以後要繼續努力做到什麼？

建議用欣賞的眼光及口吻來鼓勵孩子，例如：「你今天不用媽媽提醒就把功課寫好了，自己會負責任了。我好開心！媽媽好輕鬆！」重點是說出孩子的行為以及對自己的影響。不要忘記，父母的喜悅是孩子最大的鼓勵。

又如：「你這次考試比上次進步了，媽媽發現你比較早就開始複習了，是不是這次進步的原因？」幫助孩子找出自己好的行為，自己有成就感。花點心思，欣賞代替空泛的讚美，你的孩子感覺會不同的。

二、稱讚孩子在過程中表現出來的優勢

我們從小被教育看重結果，然後對結果做出評論。甚至解釋這個結果長遠的意義。每次的結果都可能是壓力或羞辱的來源。

人生有太多的考試，做不完的項目。當我們試圖藉由羞恥感來建立孩子的傑出成就條件時，其實是訓練出孩子放棄和逃避的習慣。羞恥與自己優秀的感覺是不能並存的。

父母培養孩子繼續努力不放棄的毅力是很有價值的。注意孩子在努力的過程中所表現出來的優勢是一個重要的鼓勵！例如：「爸爸注意到你做得好專心！」；「媽媽發現你的點子很特別耶！怎麼想到的？」；「你用心地做了好幾次，都沒有放棄耶！」培養孩子可以完成一件事所需要的條件，如專心、創意、執著，對孩子的毅力會很有幫助。

三、提醒孩子欣賞努力後的感覺

辛苦完成一件事的時候是很有滿足感的，而這份成就感有時比作品的結果還具有鼓勵性。提醒孩子注意這種完成後的感覺，「拼圖拼完成了，好開心對不對！要不要再拼一次？」

習慣親子一起運動的朋友們不斷告訴我，一起完成親子三鐵後，父子抱在一起歡呼的感覺有多好！找一項你跟你孩子可以一起完成的事情，努力辛苦完成後，不但可以拉近親子關係，而且提供孩子努力後滿

足的成就感。

四、鼓勵挫折中原來好的動機

當孩子努力做完一個項目但結果不盡理想的時候，父母可以如何鼓勵他們呢？提醒孩子原先好的動機是一個方法，例如：「你原來做這件事的原因是什麼呢？希望自己有進步，對吧？這就對啦！我們需要的是進步，想想還可以做什麼努力呢？」；「原來你希望能夠成功對吧？有這樣的想法就很不容易了！現在只是需要再試試幾次而已。很少事情是沒有經驗就可以馬上成功的吧！」

五、成功與失敗的重新定義

最重要的鼓勵是重新定義成敗。孩子的人生這麼長，幫助孩子把眼光拉遠，不要計較某年某月某日某件事的成功，而是鼓勵孩子看重每次嘗試的努力用心。例如：「你幾歲？十歲！對！十歲！十一歲前有三百六十五天可以再試試進步」。**同理孩子失敗的挫折心情，但是鼓勵他的嘗試**，提醒還有進步、改進的機會是重要的鼓勵。

30

培養孩子負責任的習慣

韌性的其中一個特質是能夠不逃避責任，有智慧及勇氣作自己行為的選擇，並且能為行為的結果負責任。

到底什麼是負責任？首先是對自己行為負責，第二是對自己參與的集體負責。自己想、自己決定，然後為自己選擇的行為後果負責。

道德責任感是一個學習的過程，包括知、情、意三層面。

知：道德判斷、思考及推理。

情：對行為表現之情緒感受。

意：意志力量，即抗拒誘惑之自制力量。

認知心理學家皮亞傑認為這個過程受到智力、理解力的影響，不同階段有不同的學習限制。

一、無律階段：出生～四歲。

幼兒的認知處於準備運思期，自我中心強，對任何規範均似懂非懂，父母不能要求幼兒自己懂得判斷是非。提醒父母們，這個階段**訂賞罰要明確具體**。

二、他律階段：四歲～八歲。

這個時期，幼兒認為規則是不變的，所以他們無法理解接受規則隨狀況改變，因此幼兒固執沒有彈性是常事。提醒父母們，這個時期訂規矩需要慎重，**不要隨狀況任意更改。**

這個時期的兒童，行為的善惡是根據行為後接受到的結果來決定的，比較不能考慮到行為的動機。例如：幫忙洗碗時打破碗和偷吃糖時打破碗的行為「一樣壞」，因為都會受到懲罰。因此在這個時期要求孩子考慮動機或實際狀況有彈性是有困難的。提醒父母們，**不要因為孩子這個時期的年齡限制而誤會孩子。**

三、自律階段：八歲~十二歲。

小學的兒童開始把規則內化，已經能夠瞭解規則是人所制定，因此也有允許改變的彈性，對行為的判斷已經可以考慮行為動機了。如偷吃糖時打破碗和幫忙洗碗時打破碗的行為後果應該是不一樣的。提醒父母們，這時候可以開始把動機、彈性、同理心放在規則的討論中，讓孩子瞭解規則是人訂的，也可以修改。**後果自己要負責任是管教的重點。**

培養有道德責任感公民的管教原則

一、根據不同年齡，建立對孩子行為的期待

孩子並不是「小大人」，他們是一個有年齡限制、有個別特質的人。對孩子行為的期待要合年齡，合情合理。目的是讓孩子學習處理自己的情緒，最終能自己做決定並為後果負責任。

二、訂下合孩子年齡、合人性情理的家規，並且以孩子瞭解的方式說清楚

設立規範及執行方法，規則要具體清楚，瞭解孩子的發展需要過程，不要求孩子這個年齡很難做到的事。用孩子能瞭解的語言、方法，把要求清楚說明。對沒有說過、沒提醒過的犯錯行為就不處罰，而是藉這次事件來建立孩子能瞭解的新規則。

三、仁慈穩定的管教態度，目標是協助孩子面對人生的責任

協助孩子建立行為後果負責任的能力是管教的目的。管教不能成為父母情緒下的洩憤工具，讓孩子痛苦也不是管教的理由。

孩子的行為動機在大多數情形下是合理的，例如：兄弟兩個人打架，父母多半對行為本身做反應，如「怎麼可以這樣？」然後對這項行為做判斷，「這麼不友愛！」父母根據這項結論，做出管教的反應。這是代替孩子做處理，沒有機會教導孩子如何處理情緒與負責。

所以，發現孩子錯誤行為的合理動機，幫助他們用合適的方法來滿足原先合理的動機，並且對不能滿足的結果提高挫折的忍受力，適當地表達失望後的情緒是教育的重要原則。

有句話說：「不要惹孩子的氣，免得他失去志氣。」

有一位心理學家的名言也說：「沒有壞孩子，只有受挫的孩子。」

孩子不好的行為大多數不是因為孩子是壞孩子，而是孩子受挫後的

行為反應。因此合情理地管教，但是不要讓孩子害怕責任或躲避負責是原則。

幫助孩子內化一套道德觀，讓他們在父母不在身邊的時候，仍舊能考慮自己行為對別人的影響，最終成為尊重自己也尊重別人的成年人。協助孩子有勇氣為自己行為的後果負責任，並且在經驗中學習認識、瞭解、改變是我們管教的目的。其中有一些原則步驟是可以考慮的。

讓孩子學會負責任的步驟

①鼓勵孩子瞭解自己的**動機及目的**。

②表示同意**動機是好的**。例如：「其實你只是希望弟弟不要打擾你專心玩，對吧？」

③協助孩子發覺自己**想法與行為舉動之關係**。「但是你打了弟弟後來呢？弟弟哭了！」

④一起討論事實。「打了弟弟，他哭了，但是弟弟有沒有學習到好的方法呢？沒有，對吧？」

⑤調整對事實的認知繼而學習別人可能的感受。「有沒有發現，弟弟只是喜歡跟你玩，要你理他？因為沒有理他，所以他就發脾氣了！」

⑥根據動機教導孩子合宜的行為模式，「想想下次可以怎麼做呢？你想需不需要爸媽幫忙呢？」

⑦陪孩子一同學習處理挫折，並且為後果負責任是重點。「兩個人都說對不起，抱抱，你們還是好兄弟！」

31

愛與管教從傾聽開始

孩子的自我形象靠父母的愛來塑造，子女對自己所經歷的事實對其個人的意義，是禍？是福？是失敗？是成功？常是由父母的反應傳遞給孩子。

幫助孩子以正面、積極、快樂的心態來面對世界，在愈趨複雜，充滿壓力的社會中，讓他們積極地接受事實，在適當的管教下，孩子可以學習肯定自己的價值，又能與人好好相處。

管教由瞭解開始，管教之前先學習如何傾聽孩子的心聲是基礎喔！

愛的管教由傾聽開始

一、有效的傾聽是管教的基礎：

①有時間聽。

②有耐心聽。

③願意聽誠實話。

二、幫助孩子表達：

①聽出他的感受。

②用他所能瞭解的語言翻譯表達。

③用身體及語言表達你的同理。

三、讓孩子進入你的世界：

①讓孩子瞭解父母也是有情緒的正常人。

② 協助孩子**尊重**父母。

③ 幫助孩子學習與父母**相處**。

執行管教的原則

① 管教是**為孩子的益處，不為自己的面子**。先問自己，「動機是什麼？」、「為了什麼」。

② 訂一套行為原則，事先加以解釋說明，並徵求意見。

③ 堅持原則而不輕易動怒。

④ 說話切忌囉嗦，說話算話。

⑤ 給孩子**下台階的機會**：接受他的道歉，並表達你的原諒。

⑥ 勿讓怒氣破壞最重要的親子關係：**生氣時「遠離現場」**，情緒平穩了再管教。

⑦ 鼓勵與不良行為相牴觸的「**好行為**」。

⑧ 教導孩子一套**處理事情**的方法：例如，孩子打翻了麵粉，不責罵而教他去收拾打掃，下次他就懂得如何處理。

⑨ **以身作則**：不要求孩子做你做不到的事情，如大聲責罵孩子為什麼大聲說話，就無法使孩子信服。

⑩ **父母學習向孩子道歉**：「對不起」能拉近親子的關係，也讓孩子學會向你道歉。

「管教孩子是父母的責任」，管教的目的是培養孩子長大之後成為有責任、有公德心的公民，不要因為情緒或者生活的便利性輕易地執行管教。當孩子覺得莫名奇妙地受到處罰或責備的時候，他只能感受到父母嫌棄的眼神，而沒辦法學習到他需要具備的同理心及為後果負責任的品格。管教是需要慎重學習的功課！

32

培養孩子獨特性，成為他的優勢

在座談會或是演講之後，聽講的父母常常憂心地問：「孩子功課不好怎麼辦？」現代父母很大的挑戰是不知道該怎麼樣教小孩，讓他們可以有卓越的成績表現。

收到老師的通知，提醒孩子的功課落後或者作業沒有完成的時候，對每個父母來說都是非常大的壓力，督促功課作業就成為父母非常沉重的任務。有的時候會不會羨慕孩子班上功課好的同學家長，怎麼能夠把小孩教得這麼好？有一個因素或許你沒有想到，就是你孩子的特長也許不一定符合現在社會的主流。

不是孩子難教，是他的特長在別處

在注重背誦的世代，如果孩子天生記憶力好，他就佔了很大的優勢，但這通常不是你家的孩子。隔壁的孩子因為天生記憶力好，完成記憶有關的功課是一件容易完成也有成就感的任務。孩子班上的同學如果特質是很會計算，那麼他在現今世代的學校裡面也會成為一個功課好的學生。如果再加上有語言天份的話，那麼這個孩子在學校就成了佼佼者，功課好，父母也不累，老師也很喜歡他。

但是如果我們孩子的特點正好不是前述這些呢？我們一直要他在不擅長的事情上拚命追趕，最後還是成為那些記憶力很好同學的手下敗將，這時孩子面對的就是一次又一次挫敗經驗的累積。

「我的孩子怎麼這麼難教？」原因之一可能是你的孩子是一個現在非主流的孩子，但是並不代表在他日後的世界裡不是主流！他現在非主流的優點跟特點極可能會成為他將來生存下去的條件！

看到新聞報導，許多家長抗議說，「我們為什麼不能計較分數呢？你們以前都可以對分數斤斤計較，我們現在為什麼不可以呢？」

並不是不可以，而是有這個必要嗎？現在教育的環境不需要非常好的分數就已經有機會去上多所大學了，大學也已經有很大的空間（名額）允許孩子可以選擇他自己有興趣又具備特長的科系，未來的好職業也不限於律師、醫生、工程師，真的沒有必要斤斤計較孩子的成績，甚至於他念哪一所大學。父母幫助孩子發掘他的潛力，找出孩子擅長的地方，維持自己的獨特性成為未來勝出自信的條件是非常有價值的！

有一位父親非常憂慮地來找我，因為他的孩子成績中等，只喜歡畫畫。我看到這個孩子的畫，圖畫細節非常清楚，而且也有獨特的畫風，

這個孩子在其他方面表現都蠻正常的，也是一個開心的孩子。所以我鼓勵這位父親看重孩子的特長，不要剝奪他畫圖的時間。後來這個孩子在美國一個很有名的車廠做設計師，收入很好，工作很愉快也有成就感。我相信他的生活也不見得比當時第一名、第二名的同學差。發掘孩子的潛能，讓潛能成為他未來自信的來源，是父母的重要選擇！

發掘孩子的潛能與優勢

每個孩子都有他特別的優點，不是每個孩子都數學能力很強或者都有語言天份。父母可以選擇做孩子的伯樂，因為你最瞭解你的孩子，脫俗的眼光就有機會看到孩子潛在的優越條件。

只有父母擁有最好的條件可以發覺孩子的獨特性，因為父母有最好的動機跟機會來認識孩子不同於別人的潛力。英文成績普通，數學OK但不傑出時，也不用太著急。現在手機的功能不斷更新，也在提醒我們，有一天數字可能不需要人的計算，也能藉著翻譯機就能解決聽不懂外語的障礙。

你孩子的特點在哪裡呢？除了關注他的一般學業成績之外，有沒有注意發掘他的潛能而好好培育呢？還有，我們花了多少時間來鼓勵孩子超越自我設限，協助他對自己有更多的認識跟欣賞？我們平常做了哪些事情來提醒孩子，他有多麼可貴、多麼可愛？他的哪些特點讓你驕傲呢？這些都值得為人父母者好好思考。

33

開始認識孩子的優勢

不管願意與否，今天父母選擇注意關心的焦點是重要的培育課題。也許你的孩子是一個非常樂觀的人、一個很會搞笑的人、一個很正直的孩子、一個非常有愛心的孩子、一個心腸軟容易感動的孩子、一個有獨特創意的孩子。你的孩子有什麼一般人沒有的潛力呢？重視它，協助孩子把他的特點成為他未來的優勢。

發掘孩子特點，發展未來優勢

父母可以如何開始協助孩子發展他的優勢呢？

一、父母自己先增進對未來世界的認識

在世界變動快速的今天，父母需要由自己的過往經驗中抬起頭來，看看孩子將來可能面對的世界是什麼模樣？確定的是，未來的世界與你以前認識的世界一定大不同，所以不是只跟其他父母談要送什麼培育班而已，也許可以一起看看有關未來世界的書刊，目前這方面的論述書刊其實還不少。

二、由自己喜歡「比較」的習慣中走出來

目前的教育多半用名次來描述一個學生的表現，因此跟其他同學比較成了督促孩子努力的習慣。停下來想想，跟別人比較是幫助孩子上進的最佳策略嗎？教導孩子有勤奮用心學習的習慣是正確的，但是父母只

用成績來督促孩子努力向上的動力，是不是最好的方法呢？反覆提醒孩子考得比同學差，自然會使孩子產生讀書動機及積極的用功態度？還是會培養孩子只看幾次考試的分數就界定自己是魯蛇？用分數來界定自己的潛力？嫉妒不平成了孩子對別人成功的自然反應？

基本上沒有什麼評量標準真正是完全客觀及完備的。長遠來說，一次的成績意義也不大。如果我們可以就孩子自己的表現，來陪同孩子發現自己的學習障礙在哪裡，用心幫助孩子越過自我局限、增加進步的程度，可能孩子會擁有更開闊的心胸。這在未來是非常需要的品格特質。因為平頭衡量將慢慢式微，特點創意是重點。父母自己「不要比較」是重要的學習。

三、花時間與孩子相處，發掘孩子獨特優勢

先不要急著把孩子送到各個補習班，留下時間跟孩子相處。父母放

棄了認識孩子的機會是多麼可惜的選擇！只有父母有興趣與孩子互動，才有機會慢慢地發現孩子的優點，附帶的收穫是你創造了你跟孩子共處的溫馨記憶。

放下公事包，關掉你的手機，跟孩子一起跑跑步，看看夕陽。到你常去的咖啡廳，你喝杯咖啡，幫孩子叫杯飲料，隨手拿起一張餐巾紙遞給孩子，說不定，你發現好多你孩子的優點！

四、鼓勵孩子欣賞自己的特點並且成為優勢

父母發現孩子的特質之後，就可以花時間去幫助孩子同樣看到自己獨有的特點。常常告訴孩子，他的哪些表現對自己是多麼的有意義，多麼獨特。「你好像對狗狗特別瞭解喔！」；「你會記住這些數字，好特別喔！」；「你為什麼會知道這個球賽的規則？」用心培養孩子的特點，發展成為他的優勢。

五、陪孩子度過暫時不受注意的日子

孩子在同儕中不免因為比較而有負面的自我認定。這時，父母的重要角色出現了。成為孩子的加油者在這個時刻是多麼的重要！找個時間跟孩子談談以前自己同樣的經驗與感受，同理孩子現在希望自己出眾的合理期待。但是鼓勵孩子對未來有計畫。

六、允許孩子與我們想法不同的創意

創意是一種能力，能夠做出別人想不到，市面上也還沒有出現的產品，這在現在及未來都是出眾的能力。你的孩子數學成績不好有可能會有創意嗎？創意是不是需要高智慧呢？

其實創意跟智力是不一樣的能力。有創造力的人只需要一般的智力，但是能夠跳脫陳舊框架思考。同樣的紙杯但有人就是可以用不同方式組合成為市面上沒有的杯子功能，或是不同的造型。尋求不一樣的答案通常就是創意的來源。

但是如果我們的教育強迫孩子只能記憶考卷上的固定答案，要求孩子一定要聽父母的，不能有不同的意見與想法，我們就失去讓孩子發展他獨特創意的機會。

「小孩子有耳沒嘴」要求孩子不能表達跟父母意見的傳統，造就了什麼呢？首先，我們要求孩子不誠實，因為他明明不贊成父母的看法，我們要求他們不能表達，同時也訓練他們有事不要告訴父母的習慣。

當然我們可以教養孩子表達意見的合適方法，但是沒彈性地要求孩子不能提相反或不同的想法，我們就放棄了瞭解孩子想法的機會。慢慢地，孩子會選擇不跟你說但自己默默地做，等到有一天發現孩子做了嚴重的事情，才驚訝且氣急敗壞地說，「怎麼會這樣？我怎麼不知道？什麼時候變成這樣？」其實是因為我們的反應鼓勵孩子隱瞞困難，不跟父母求助的習慣。

如果孩子有什麼想法是需要修正的，我們更需要學習有耐心地聽他們說，才有機會提供意見。父母沒能即時提供孩子需要的提醒與建議，不是很可惜嗎？

另外，做父母的有把握自己的意見每次都是對的嗎？我們堅持孩子不能表達相反的意見，就是把自己當成最有智慧的人。孩子的意見就都不行嗎？尤其現在是孩子的時代，對於他們流行的事務，也許我們確實需要跟他們學習也不一定。

自由表達想法可以留住創意的種子

我們允許孩子說自己的想法，不代表每一次父母都同意他們的觀點想法，但是我們同意每個人都有表達想法的權利。家庭中有自由表達意見的輕鬆氣氛，孩子的思考模式是流動自由的。孩子在互動中學會珍惜自己獨特的想法，也學習聆聽別人不同的想法意見，尊重彼此的相異，這對孩子未來的人際關係相當有影響。

不能允許孩子挑戰的結果，就是在性格上消滅了創意的可能性。好好用心聽聽他們好可愛又不一樣的想法，也是一種享受喔！

有次我們吃完火鍋後，當時五歲的兒子跟我說，「媽媽，我的肚子好幸福喔！」

「怎麼樣的幸福呢？」我問了。

兒子說：「我的肚子坐在粉絲做的豆腐鞦韆上，盪鞦韆，上面還有白菜擋太陽喔！」

這是大人絕對想不出來的妙句。放下效率，脫俗一下，說不定下個創造者就出於你家！

34

情商高是未來領袖的特質

未來世界的人際關係對每個人都會是不小的考驗。網路以及訊息互動的方式快速改變，大大地影響到人與人之間的交流，以後人際互動與溝通大多數時間都是面對著機器。

未來社會需要有溫度的人

機器人雖然有效率，卻沒有辦法安慰一顆失戀的心，也沒有溫暖的肩膀讓人依靠，更沒有關心的眼神。同理心、瞭解、溫暖的人格特質是機器不能取代，這些將成為未來領導人出眾的條件。

雖然未來輸入訊息的速度可能非常快速，但是人本性中希望被安慰，被瞭解的需求卻不會消失。反而會因為人際接觸機會的減少更為飢渴。如果你的孩子有能力讀出別人的心思，感覺到別人的傷痛，合宜地表達支持與安慰，這項條件將使你的孩子成為未來有魅力的領導者。

作為一個領袖，不只是有效率地做出成品，同時需要帶領一個團隊共同完成任務的能力。認識工作夥伴的特點、發掘他們的潛力加以訓練培養、鼓勵部屬不怕挫折，有毅力地繼續努力。懂得溝通，把各種不同的意見匯集成一個有力的團隊。這些正是將來優秀領袖的條件。你花了多少時間幫助孩子發展這些機器無法取代的魅力呢？

適當表達與處理情緒的重要性

有能力發現自己的情緒並且適當地表達處理是身心健康的條件。未來冷冰冰機械互動為主的世界中，懂得自己的孤單、挫折感覺並且適當地表達處理比現代更為重要。因為覺察，能正面看自己的情感需要，可以積極合宜地尋找溫暖友誼及支持系統，會使我們的孩子在未來活得正面健康。

英文「emotion」前面的E是行動的字頭，情緒其實有兩個重要的意義：一是感覺情感，另一個是行動。

因為我們一有情緒，容易馬上引起反應與行動，常常會忽略情緒與行為是兩件事，需要分別看待。當孩子有情緒反應的時候，父母需要允許孩子擁有當時的情緒，然後再讓他學習用合適的行為做反應。管教的是孩子的不當行為，而不是讓他覺得有情緒是不被允許的。

父母首先協助孩子去察覺自己的情緒。引導孩子能夠健康地表達。

不同時期，孩子情緒各有特點與限制。父母親如何在孩子有情緒的時候適當的陪伴以及教育是一個非常不容易但關鍵的任務。

體會到自己的情緒表達會如何影響到別人，是非常重要的同理心的學習。能夠知道自己沒有權力要求別人一定要達到自己的願望，在願望受挫的時候也不怪罪別人。自己的情緒要自己負起責任，這個是一個長時間的學習，也是父母可以給孩子一生都影響頗鉅的能力。

↓幫助孩子表達與溝通

首先父母可以幫助孩子**能說出自己的情緒**。

孩子必須先經驗到溝通是有效果的，當他想要跟我們說話的時候，我們有沒有停下手上正在進行的事情，好好聽他說話呢？並且表達瞭解他當時的心思，知道孩子的需要呢？

有一次我在咖啡廳寫文章的時候。旁邊突然聽到一個細微的哭泣

聲。我轉過頭去，是一個約五歲大的小女孩在流眼淚。接著，就聽到坐在她旁邊的媽媽非常不耐煩地大聲說，「你的太陽畫不好，再畫就好啦！哭什麼？」說完，她轉過身去繼續看她的雜誌。

我看到這個小朋友拿著她那一張圖畫，默默流眼淚。我猜想可能是這個孩子畫太陽畫得不太好，跟她媽媽說，可是她媽媽卻如此地回答她。當時，我好心疼。其實這個孩子只是需要一點安慰及理解。

如果這位母親可以聽聽孩子說說她的失望，表示理解女兒希望畫得更好的心意，然後鼓勵她，幫助她把這個太陽畫好。這孩子得到的一個訊息，就是：**我可以把我的需要和委屈告訴我的父母，我的父母會即時給我回答，而且給我所需要的瞭解跟溫暖。**好可惜！這個媽媽失去了這樣一個機會。

跟孩子獨處及分享心事

其實幫助孩子擁有人際關係的技巧就是這麼樣的簡單。一點一滴的經驗及體會累積，從孩子小時候，有時間就開始單獨跟他在一起聊天，是重要的培訓任務。

先學著把你自己的事情跟孩子分享。從小，孩子就需要有機會去傾聽別人的心事，慢慢地，孩子覺得分享心事是日常生活中非常習慣的事情。她也會很自然地把她遇到的種種經驗來和你分享。孩子很習慣單獨與另外一個人一起談話聊天，體驗到與人溝通是一個很愉快的經驗，與人獨處不是一個很尷尬或者很陌生的事情。

讓孩子從小就有跟別人聊天的本事，是一個非常重要的學習。父母花時間單獨跟他說話，並且願意把你的事情與你的孩子分享，慢慢地你會發現，不但有助於孩子有良好的溝通態度跟技巧，同時你們的談話可以一直持續到你自己年老的時候。孩子長大成人仍舊喜歡跟你談話是多麼幸福的事！現在花一點時間，以後會幸福許久。陪他一起做一些活動，很自然地坐下來聊一下天，但是千萬不要不小心又開始教訓他們！

欣賞他、鼓勵他、你不知道你對他的影響有多大！停下來！看看你的孩子！聽聽她說話！陪他打個棒球，帶她去博物館走走說說，就這麼簡單！你正在培養孩子未來的領袖魅力。這一切都非常值得的！今天就開始進行這個愉快又有價值的活動吧！

協助孩子學習瞭解與管理情緒

擁有情緒管理能力是未來成功工作者的必要條件之一。如果孩子從小沒有機會學習認識自己的情緒，善用適當的方式表達，不懂得自己的情緒對他人影響的可能，而任由負面情緒左右自己的語言反應的話，成人之後很有可能會造成同事的排斥，人際關係挫折。

所以如何幫助孩子瞭解他自己的情緒，並且懂得適當地處理，不但對孩子將來在工作上極有幫助，也會對他的人際關係有很大的影響。

孩子長大後遇到不順心的事情或者別人不能配合自己的期待時，產生負面的情緒是非常正常且人性的。一個情商高的人不是不能有負面的情緒，而是在產生負面情緒之後，能夠察覺自己有情緒了。理解到有這樣情緒的導因，進一步發現這個情緒中自己的期待，對自己、對別人有什麼要求？再想想這樣的要求合情合理嗎？最好怎麼想才能對事情有幫助？想清楚之後，情緒可以得到舒緩，對事情有更正確的認識，對自己也有清楚的覺察，可以避免在情緒之下，做出不利的反應。

35

培養關心協助的溫暖性格

有效率的現代父母不斷地提醒孩子注意自己表現的優劣，增加勝過其他孩子的機會，於是孩子忙著在不同的家教課程中穿梭，慢慢形成他們只考慮自己的世界觀。這樣栽培出來的孩子，未來極有可能成為要求多，強人所難，不能與人共事的難搞同事！

敏感別人的困難、發覺別人的需要，願意幫助別人，是未來領導團隊的基本能力，更是維持自己身心健康的重要條件。

當我們能夠保持感恩的念頭，用更寬闊的角度看待生命，會使孩子即使在不如意的生活環境中，也能感謝他已經有的，而不是因為際遇覺得失意而抑鬱。現在父母還有機會的時候，該如何做呢？首先孩子要有同理心。

一、培養同理心

「媽，如果我出生在他們的家庭，我可能過他們一樣的生活！」這是我兒子青少年時參加一次義工活動後的感想。

他被安排去東南亞一個比較貧窮的地區，陪當地青少年聊天，為他們打掃環境。他回家安靜了好幾天之後，就開始把自己還可以用的衣物打包寄給他服務的地方。「我可能是他們其中的一個成員！」這是他的感想。他看到別人的辛苦，自然興起想幫助別人的心，他的同理心發芽了。溫暖的心不是靠說教就可以擁有的。讓孩子感動，體會別人的不足和限制，心裡湧起好想幫他們的心，就開始了孩子心溫暖的種子。

養一隻小狗，一缸魚，幾盆花，讓孩子學習照顧，心疼關心狗狗開不開心。愛的功課從照顧他關心的對象開始。狗狗生病使孩子擔心就是同理心的開始！

用繪本說故事，一面讀繪本，一面問孩子繪本主人翁可能的感受，「如果你是瑪莉的話，你會覺得怎樣呢？會不會想要人抱抱呢？」；「如果你是瑪莉的朋友，你可以做什麼事呢？」；「來跟爸爸抱抱，練習一下！是不是很好？」；讓孩子學習幫助別人，「妹妹哭了，我們一起想辦法好嗎？要不然她好傷心喔！」

二、父母示範常常說感謝的話

許多研究有相同發現：感恩會使心臟和腦部的運作會更靈活，也有提升免疫力、降低血壓和增強自癒力的好效果。不但如此，常常感謝更是令人喜愛的人格特質之一。如何培養呢？最好的教育就是示範。

我們有沒有養成習慣，對孩子的行為表達感謝。例如：「你今天自己就把碗拿去廚房，我就可以休息一下了！好謝謝你。」**常說謝謝，孩子也會學習常說感謝。**

家中可以進行「**感謝三件事活動**」。吃晚飯的時候，可以請孩子輪流感謝今天三件事。「今天是哥哥開始說感恩的事喔！今天有哪三件事值得你感謝？」感謝成了我們培養快樂細胞的養分。

三、停止抱怨，討論「不如意事件」，賦予感恩的意義

有一天，孩子因為練籃球錯過了校車，打電話回家要求我們去學校接他，因為他學校距離遠又沒有公車。當時我心中嘀咕，「怎麼不早一點趕上校車？現在要我趕去，又會塞車！」在匆忙中，遇到了鄰居，我把事情抱怨一遍後，我智慧的鄰居說，「換個角度來說，你有這個珍貴的機會跟你青少年的孩子近距離聊天，機會多難得啊！」是啊！我怎麼

沒想到？我們如果可以自己學習不要求一切都如我意，就能減少抱怨的次數。如果進一步還能**在不如意的事件中學習轉念**，就能減少產生負面情緒的機會。

你每天在跟孩子互動的時候，釋放的訊息是什麼呢？抱怨？不滿？憂慮？孩子會把你看事情的眼鏡戴上，繼續對環境不滿悲觀憂慮，失去滿足快樂的能力。人多半不喜歡跟一個悲觀只看負面的抱怨者做同事，幫助孩子能正面看環境與人的限制，培養孩子未來能夠感謝開朗的性格是我們可以給孩子的美好禮物。

討論發生的「不如意」經驗是個好方法。不管多麼希望，我們都無法左右孩子以後的遭遇，多麼努力都無法塑造一個凡事如意的人生。但是我們可以幫助孩子如何看他的遭遇。

「雖然不如意，但是不是不能解決，對嗎？」；「雖然不是我們所希望的，但也不差是吧！」；「不完美但不是不美」；「想想，我們學到什麼？我們獲得什麼？」

生活中的大小危機都是可以克服的，所以首先要從心念的轉變開始。**壓力往往來自我們對事情的觀感，而非事情本身。**不能改變生命中發生的事務，但我們可以用正面的角度來審視事情。紓解壓力最主要的方法不是去減少造成壓力的事務，而是改變我們的認知。

能夠接受現在的不如意，還能看到未來的機會，感謝已經擁有的，你的孩子很有機會擁有一個健康的未來生活。

36 生命價值感的肯定力

如果不知道為什麼要活？就找不到努力的方向。如果要維持一個健康的生活，需要感受到我們選擇的生命目標是值得付出努力的。

活出生命的價值

人是群居動物，與人互動當中才能發覺自己存在的價值跟意義。未來世界中有個很大的挑戰就是脫離人群。每個人工作在一個小小的空間當中，是一個大工程中的小螺絲，很多工作已經不需要與別人互動。慢慢地，鬱悶孤寂、不與人互動會變成未來健康的一大挑戰與威脅。真的需要一個機器人朋友或者通訊軟體中的談心知己？

未來生活的步調愈來愈緊湊，跟速度競賽使大多數人生活在高壓環境中。如果自己無法紓解壓力，長期下來會使身心疲累、失去快樂。憂鬱症是現代人的挑戰。未來解壓、樂活的能力更是你的孩子生存的重要條件。

作為一個關心家庭情緒的心理治療師，我認為要維持一個還算有品質、健康愉快的未來生活，生命價值感的肯定力是一個重要的指標。幫助孩子與環境人群連結，自覺生活有目的有價值，最直接相關的就是**付出關愛的能力**。因為不管世界的改變如何，職業的變化多大，在我們伸出手來幫助別人的時候，在別人的眼中就找到了自己存在的價值。

為了維持未來身心健康，孩子要學習因為看到別人的需要而產生憐

憫的心。當孩子發現自己可以幫助別人的時候，他就有機會與人溫暖的互動，孩子得到的滿足與感動是機器沒有辦法取代的。

面對未來冷冰冰通訊方式的人際關係中，能夠溫暖被愛的體驗是人願意繼續活下去奮鬥下去的重要動力。所以建立孩子可以獲得愛也可以愛別人的能力，就是他可以積極正面生活去的重要條件。

37

會過日子是健康的關鍵

父母除了關心孩子的智力發展，有沒有用心培養一個未來能欣賞人生並覺得幸福的能力呢？這個世代的一個危機就是，覺得生活沒樂趣，人生沒有意義。

工作中個人的價值貢獻不容易被注意。另外，隨著人際的疏遠，孤單寂寞沒價值的抑鬱現象是現代精神疾病中越來越嚴重的現象。許多人擁有學識、不錯的收入、人也長得不錯，但是生活中找不到樂趣，每天過著無聊的日子，心情也低落。

幸福生活的條件

家長容易注意到的是培養孩子的學科或才藝素養，可是未來快樂的能力常常被忽視。想一想，事業的成就會保證人的快樂與滿足幸福嗎？能夠欣賞一場足球賽也許比會心算還重要呢！

你的孩子有沒有會過快樂生活的條件呢？時間空下來，他有能力自己安排生活嗎？習慣到美術館看看畫？到植物園吹吹風？懂得足球的規則？會找時間到書店逛逛？

現在的父母有沒有培養孩子讓生活變有趣的能力呢？孩子對世界及世界上的人有沒有好奇心？有沒有引導他們去注意觀察，還是「不要看東看西，注意做功課？」

安排家庭旅遊，不但專心培養一起的時光，也讓孩子習慣對不同事物有興趣。拿一張紙，要孩子畫畫他看到的人，讓孩子在不緊張、隨意的情形下培養能夠欣賞的條件；到花園中，要孩子找出三種不同的花，並且說出它們的不同；不要催孩子快快洗手，要孩子說說水流過手的感覺。讓孩子感覺生活好多東西好有趣，「會過日子」是一門可以快樂的藝術。

〈結語〉

父母的眼光與孩子的將來

我們不能預估孩子的未來世界，但是可以幫助孩子準備好如何面對未來的挑戰。培養孩子在不確定的未來有幸福生活下去的條件，是父母現在可以選擇的目標。

選擇以孩子的生命為中心的親子關係，關心孩子的特殊性格與氣質，關注他的特點，幫助他克服他的弱點，善用他的特質成為未來競爭的最佳條件。

協助孩子預備面對一個多變未知的世界，不管環境如何，都可以更換目標、改變生活內容，具備有彈性的適應條件。在未來轉變快速的生活中，可以對自己有信心，不會因為一時的挫敗而喪失對自己的肯定，也比較不會因為生活沒有樂趣、人生缺乏意義而灰心抑鬱。

引導孩子，讓他成為一個受人喜愛又可以愛人的未來健康快樂生活者，是父母最需要重視、也最值得的時間投資。

做一個現代真正有智慧的父母

現在的你正在參與孩子的未來，
因為父母的眼光決定了孩子的價值，
你不知道你的孩子未來會遇到什麼事，
但是你絕對影響了孩子如何看他的遭遇，
以及他如何看經驗中的自己。

（全文完）

國家圖書館出版品預行編目資料

別當除草機父母：用REBT理情行為治療的ABCDE走出焦慮，教出未來世界最能生存的孩子/ 武自珍著. -- 初版. -- 臺北市：商周出版：家庭傳媒城邦分公司發行, 2020.10
面； 公分. -- (商周教育館；41)
ISBN 978-986-477-913-0(平裝)

1.親子關係 2.親職教育

528.2 109012586

商周教育館41

別當除草機父母

——用REBT理情行為治療的ABCDE走出焦慮，教出未來世界最能生存的孩子

作　　者／武自珍
企畫選書／黃靖卉
責任編輯／黃靖卉

版　　權／吳亭儀、江欣瑜
行銷業務／周佑潔、黃崇華、賴玉嵐
總 編 輯／黃靖卉
總 經 理／彭之琬
事業群總經理／黃淑貞
發 行 人／何飛鵬
法律顧問／元禾法律事務所王子文律師
出　　版／商周出版
台北市104民生東路二段141號9樓
電話：(02) 25007008　傳真：(02)25007759
blog: http://bwp25007008.pixnet.net/blog
E-mail：bwp.service@cite.com.tw
發　　行／英屬蓋曼群島商家庭傳媒股份有限公司城邦分公司
台北市中山區民生東路二段141號2樓
書虫客服服務專線：02-25007718；25007719
24小時傳真專線：02-25001990；25001991
服務時間：週一至週五上午09:30-12:00；下午13:30-17:00
劃撥帳號：19863813；戶名：書虫股份有限公司
讀者服務信箱：service@readingclub.com.tw
城邦讀書花園 www.cite.com.tw
香港發行所／城邦（香港）出版集團
香港灣仔駱克道193號東超商業中心1樓_E-mail : hkcite@biznetvigator.com
電話：(852) 25086231　傳真：(852) 25789337
馬新發行所／城邦（馬新）出版集團【Cite (M) Sdn Bhd】
41, Jalan Radin Anum, Bandar Baru Sri Petaling, 57000 Kuala Lumpur, Malaysia.
電話：(603) 90578822　傳真：(603) 90576622

封面設計／張燕儀
版面設計／林曉涵
印　　刷／中原造像股份有限公司
經 銷 商／聯合發行股份有限公司　電話：(02) 2917-8022　傳真：(02) 2911-0053

■2020年10月6日初版一刷
■2023年5月29日初版3.5刷
Printed in Taiwan

定價320元

城邦讀書花園
www.cite.com.tw
 ISBN 978-986-477-913-0

請於此處用膠水黏貼

商周出版

讀者回函卡

線上版讀者回函卡

感謝您購買我們出版的書籍！請費心填寫此回函卡，我們將不定期寄上城邦集團最新的出版訊息。

姓名：＿＿＿＿＿＿＿＿＿＿＿＿＿＿＿＿＿＿＿＿ 性別：□男 □女

生日：西元＿＿＿＿＿＿＿年＿＿＿＿＿＿＿月＿＿＿＿＿＿＿日

地址：＿＿＿＿＿＿＿＿＿＿＿＿＿＿＿＿＿＿＿＿＿＿＿＿＿＿＿＿＿＿

聯絡電話：＿＿＿＿＿＿＿＿＿＿＿＿ 傳真：＿＿＿＿＿＿＿＿＿＿＿

E-mail ：

學歷：□ 1. 小學 □ 2. 國中 □ 3. 高中 □ 4. 大學 □ 5. 研究所以上

職業：□ 1. 學生 □ 2. 軍公教 □ 3. 服務 □ 4. 金融 □ 5. 製造 □ 6. 資訊

□ 7. 傳播 □ 8. 自由業 □ 9. 農漁牧 □ 10. 家管 □ 11. 退休

□ 12. 其他＿＿＿＿＿＿＿＿＿＿＿＿＿＿＿＿＿＿＿＿＿＿＿＿＿

您從何種方式得知本書消息？

□ 1. 書店 □ 2. 網路 □ 3. 報紙 □ 4. 雜誌 □ 5. 廣播 □ 6. 電視

□ 7. 親友推薦 □ 8. 其他＿＿＿＿＿＿＿＿＿＿＿＿＿＿＿＿＿

您通常以何種方式購書？

□ 1. 書店 □ 2. 網路 □ 3. 傳真訂購 □ 4. 郵局劃撥 □ 5. 其他＿＿＿

您喜歡閱讀那些類別的書籍？

□ 1. 財經商業 □ 2. 自然科學 □ 3. 歷史 □ 4. 法律 □ 5. 文學

□ 6. 休閒旅遊 □ 7. 小說 □ 8. 人物傳記 □ 9. 生活、勵志 □ 10. 其他

對我們的建議：＿＿＿＿＿＿＿＿＿＿＿＿＿＿＿＿＿＿＿＿＿＿＿＿＿

＿＿＿＿＿＿＿＿＿＿＿＿＿＿＿＿＿＿＿＿＿＿＿＿＿＿＿＿＿＿＿

＿＿＿＿＿＿＿＿＿＿＿＿＿＿＿＿＿＿＿＿＿＿＿＿＿＿＿＿＿＿＿

請於此處用膠水黏貼

商周出版

廣	告	回	函
北區郵政管理登記證			
北臺字第000791號			
郵資已付，免貼郵票			

104　台北市民生東路二段141號2樓

英屬蓋曼群島商家庭傳媒股份有限公司城邦分公司　收

請沿虛線對摺，謝謝！

商周出版

書號：BUE041	書名：別當除草機父母	編碼：

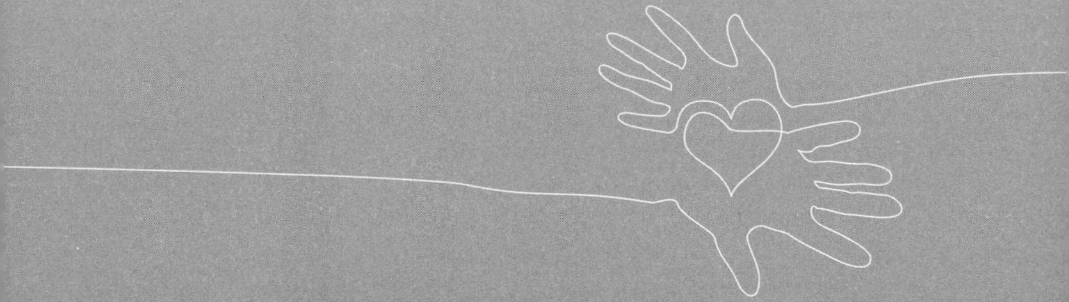